身の回りを安全にスッキリ！

重曹＆お酢

ガンコな汚れもつるんと落ちる！

ナチュラルクリーニング

クリーン・プラネット・プロジェクト代表
岩尾明子

はじめに

今ほど、健康のために体への負担が少なく、
環境のために自然にやさしいものを使うことに
私たちの意識が向いている時代はないかもしれません。

「重曹」と「お酢」は、赤ちゃんからお年寄りまで、
誰がどのように使っても、
決して事故になることのない安全な天然素材です。
なおかつ、洗浄効果としては石油から作られている
合成化学洗剤に勝るとも劣りません。

天然素材だけを使うので、そうじ用品を買い揃える
必要がないので経済的にもうれしく、
日常生活の中で手軽にササッとそうじができるので、
大そうじをしなくても常に家の中をきれいに保ちます。

本書は、在宅時間が増えたことで、
そうじの時間・頻度が増え、
住環境の改善を意識している方に重曹とお酢を使って、
「安心」で「安く」、さらに「時短」にもなる、
ナチュラルクリーニングや
ハウスキーピングのテクニックを紹介します。

また、近年ブームとなっているアウトドアに出かけた際や、
自然災害に遭ったときや避難時にも重曹やお酢は役に立ちます。
災害時に必要な、水をなるべく使わずに
衛生管理をする方法を紹介します。

これを機に、ぜひ体にも地球にもやさしい重曹＆お酢を使った、
ナチュラルクリーニングをはじめてみましょう。
家の中も家族もスッキリして、
清潔ですこやかな生活を手に入れることができます。

クリーン・プラネット・プロジェクト代表
岩尾明子

コンロの汚れ…
そうじ
面倒くさい〜！
衣類のシミ…
生ゴミ
トイレ周り
ペットのにおい
もう
全部気になる〜〜
ガンコな汚れだと
時間も体力も
使って大変だし！
ゴシゴシゴシ…
でも時間もないし、
洗剤も切れていて
買いに行くのも
大変……。
新商品もどんどん
出るからお金
掛かるわ〜
new
えっ!?
どなた？
重曹を使えば、
おそうじも
お手入れも
簡単よ！

重曹ならガンコな汚れも
つけ置きでOK！
むしろ、こすったら負けよ！
こすったら負け…!?
ポカーーン
重曹
ナチュラル生活研究家
岩尾明子 先生
におい
シミ
手あか
コゲ
油汚れ
これ全部ですか!?
そうよ
いろいろな汚れや
生活の悩みを
解決してくれるの！
なんと！
重曹 1つで
キッチンもリビングも、
お風呂もトイレも
洗濯もできるから、
市販品をたくさん
買わなくて
経済的！
市販品
重曹
1つでOK！
おぉー

例えば…
お風呂に入れれば
入浴剤の代わりに
温泉と
同じ成分!
へぇ〜
洗剤は
いりません!
そのあとは
軽く水で流すだけで
湯あかもつかず
そうじの負担も
減るの!
重曹は自然の中に
あるものだから
とてもナチュラル!
そのまま下水に流しても
環境にやさしい!
子どもや
ペットが口に
入れても大丈夫!
手軽にそうじができて
環境にもやさしい
なんてすごい!!

重曹を使えば時短になります!
重曹水
例えば
ガンコな油汚れも
ごはんを食べる前に
重曹でつけ置きして…
20分
いただきまーす
食べ終わったら
軽く拭き取るだけ!
サッ
軽い汚れなら薄い重曹水だけ!
しつこい汚れのときは、
重曹水の後に、そこだけ
重曹を振りかけておいて、
ごはんの後、お酢を水で
薄めたお酢水をスプレーすれば、
全部いっぺんに
つるん!と落ちます!
お酢水
つるん…!?
本書では、
重曹とお酢を使って
手間が要らず
お金も掛からず
eco
環境にもやさしい
おそうじやお手入れの
方法を紹介します!
ぜひ、お願いします

\ PART /

1

重曹＆お酢を使ってみよう

そもそも重曹とは？

重曹の持つ5つの作用を理解しよう

重曹と聞くと「何かの化学物質？」と思う人がいるかもしれませんが、自然界に豊富に存在しているもので、塩の仲間です。地下水や海水、人間の体内でも血液などに含まれている、実はとても身近なものです。正式な化学名は「炭酸水素ナトリウム（化学式は$NaHCO_3$）」といい、ベーキングソーダ、重炭酸曹達とも呼ばれます。パンやお菓子のふくらし粉の原料としておなじみという人もいるかもしれませんね。重曹には5つの大きな作用があり、料理だけでなく様々な場面で活躍します。

1 研磨作用

傷をつけずに
汚れだけを
効果的に洗浄！

重曹の細かい粒子は、研磨剤（クレンザー）として働きます。塩と似ていますが、塩よりもやわらかい分子結晶をしています。硬度は低いですが、中和分解しながら物理的な磨く力も加えられます。そのため、少し水をつけて磨くと、物の表面を傷つける前に重曹の方が削れて小さくなり、傷をつけずに汚れだけを巻き込んで効果的に洗浄できます。

2 中和作用

重曹は弱アルカリ性のため、酸を中和する作用があります。私たちの身のまわりにある汚れの多くは酸性なので、重曹が酸性の汚れを中和して水溶性にすることで、ベトベトした汚れがさらっとした水溶性の状態に変わります。また、強酸性、強アルカリ性、どちらもクッションのように受け止めて重曹の弱アルカリ性に近づける「緩衝作用」もあります。

酸性の汚れを
中和して
さらっとさせる
弱アルカリ性
酸性の
汚れ

3 消臭・吸湿作用

重曹の弱アルカリ性成分は悪臭成分も中和分解するため、強力な消臭効果もあります。ほとんどの悪臭は酸性なので重曹で中和しますが、トイレのアンモニア臭、魚のなまぐさいにおい、タバコの副流煙などは例外的にアルカリ性です。中和はされませんが、そういったにおい分子を包み込んである程度消臭する働きがあります。 また、重曹は吸湿性に優れているので、クローゼットやげた箱、押し入れのような湿気の多い場所に置いておけばカビ予防にもなります。

4 発泡・膨張作用

重曹と酸が中和すると水と二酸化炭素が発生します。その二酸化炭素のシュワシュワとした細かい泡がケーキのふくらし粉として利用されますが、そうじにも有効です。重曹が泡立ち、泡が弾けるときにミクロの超音波が発生するためです。この振動で手の届きにくいところの汚れが浮き上がり、落ちやすくなります。

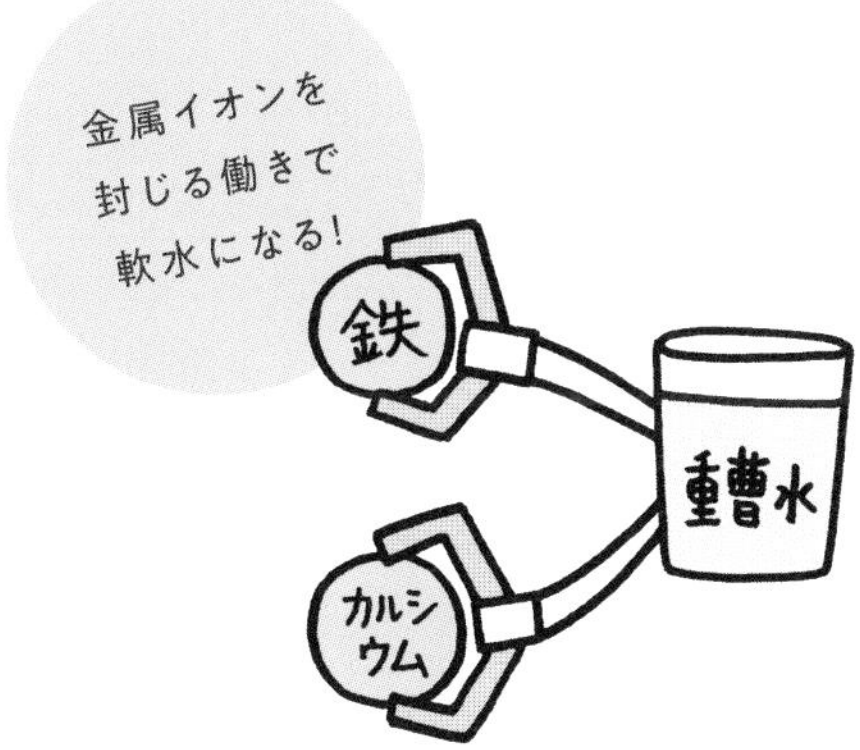

5 軟水化作用

水にはカルシウムやマグネシウムといった金属イオンが含まれており、含有量が多いと硬水になります。重曹には金属イオンを封じる働きがあります。その作用により、水の硬度が下がり、やわらかい軟水になります。重曹を溶かしたお風呂はやわらかい温泉のようなお湯になり、料理の際に、お水に重曹をほんの少し溶かしておくと、だしがよく出ておいしくなります。

重曹ってこんなにすごい！

お風呂に入れるだけで天然温泉に早変わり

重曹は温泉と同じ成分！

天然温泉の中には、「炭酸水素塩泉（旧名：重曹泉）」と呼ばれる泉質の温泉があります。肌触りがよく、入浴すると肌がツルツルとなめらかになり、中には「美人の湯」と呼ばれて人気の温泉もあります。重曹を多く含むことから、このような効用があります。

　はじめて重曹を買ってみたという人は、まずは入浴剤の代わりにお風呂に入れてみましょう。**分量は気にせず、スプーン一杯分溶かせばお家のお風呂が天然温泉に早変わり！**　市販の入浴剤を買わずに済むので安上がりです。

重曹風呂のメリット

1

体の汚れを洗い流す

重曹は弱アルカリ性のため、酸性の汚れである油汚れを中和して落としてくれます。体にある油汚れといえば、毛穴がつまる原因にもなる皮脂の汚れ。ニキビや肌荒れも防いでくれます。

2

体のにおいを取る

体臭は皮膚の表面にいる菌が汗などに作用して脂肪酸などさまざまな物質が発生することが原因です。重曹の持つ消臭作用により、中和して体のにおいも取り、体臭を抑えてくれます。

3

角質を取り肌がツルツルになる

皮膚表面の古い角質層を除去する作用があり、ひじやひざ、かかとなど硬くなってヒビ割れしやすい箇所も、やわらかくしてくれるので、肌がなめらかになります。ただし、あかを取り去りさっぱりすると体を冷やす働きもあるので注意しましょう。

！ 入れ過ぎると肌が乾燥しやすくなる

お手軽だからとたくさん入れ過ぎてしまうと、重曹の濃度が高くなり、肌荒れの原因になる恐れがあります。また、重曹の作用により皮脂が除去されるため、入浴後は肌が乾燥しやすくなります。シャワーで洗い流してから出て、乾燥肌の人は保湿クリームを塗りましょう。

重曹ってこんなにすごい！

入浴後、お風呂そうじもできて一石二鳥

＼湯船だけでなく海にもやさしい！／

天然素材だから海を汚さないのね！
下水に流してもOK！

重曹は、入浴剤代わりになるだけではありません。お風呂に入ると、バスタブには湯あかがつきますが、洗剤を使ってゴシゴシと洗うのは大変ですよね。

でも、重曹を入れると、**お風呂に入っているだけでその湯あかも勝手に溶かしてくれるのです。**湯あかの正体は水道水に含まれるミネラル分と皮脂を含む石けんかすなどが合わさったもので、酸性のため、重曹が中和してくれます。お肌の皮脂汚れを取りさっぱりツルツルにするのも、湯あかが溶けるのも実は同じ現象なのです。

手間をかけないお風呂そうじ

1

湯船に入っている間に 重曹が湯あかを落とす

重曹を湯船に入れてそのままお風呂に入るだけで、勝手に湯あかを溶かしてくれるので、そうじの手間が省けて一石二鳥です。もちろん自然を汚さないので、下水に流しても問題ありません。

2

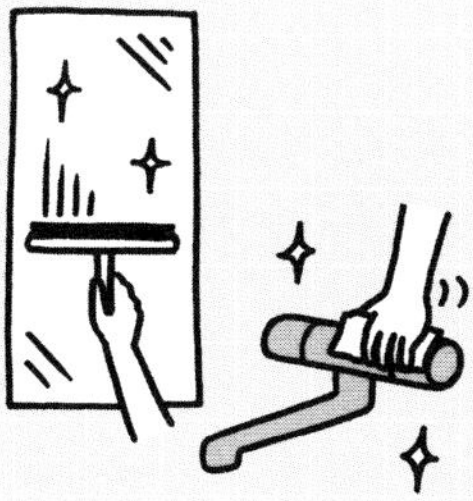

水あかの予防は お酢を吹きかけるだけ

水あかは発生を予防するとそうじの手間を省けます。やり方は水切りワイパーでしっかり水を切り、その後にお酢をスプレーで吹きかけるだけ。水あかはカルシウムの結晶なので、お酢で発生を防ぎます。

3

こびりついた湯あかは 重曹+お酢で落とす

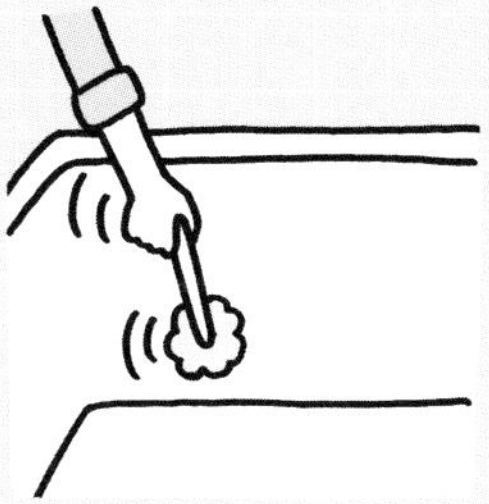

こびりついた浴槽の湯あかは、まず重曹水を吹きかけ、その上からお酢をスプレーして発泡させてしばらく置きます。泡とともに表面から分離した湯あかをスポンジで落としたあと、から拭きします。

重曹ってこんなにすごい！

小分けにストックすれば三日坊主を防げる

「重曹を買ってみたけど、三日坊主で使わなくなり、しまったまま……」という人はいませんか？

その原因はいちいち使うたびに取り出すのが面倒だから。**最初に用途に応じて小分けにストックし、お風呂用なら洗面所、キッチン用なら台所など使用する場所の近くに置いておきましょう。**市販品だって使う場所に置いてありますよね。そうして使っていると、すぐに一袋使い切ってしまいますよ。

そして、全部重曹で代用できるようになるので、環境にもよく経済的にもお得になります。

場所別に小分けしよう

お風呂用

入浴時やお風呂上がりにすぐに使えるように重曹粉や重曹スプレーにして洗面所に置きましょう。

→p.78

トイレ用

用を足したあとについでにサッと重曹で汚れを取ることを習慣にすればそうじの手間が省けます。

→p.80

外出用

アウトドアや災害時に水をたくさん使えないときなどに重曹があると水の節約ができて便利です。

→p.95

リビング用

生活臭を取ったり、室内のそうじなどさまざまな使い方をするので、常に用意しておきましょう。

→p.35

キッチン用

台所に置いて、生ごみのにおいや油汚れ、また調理道具や食器類のお手入れなどに使いましょう。

→p.61

重曹の基本の使い方 1

大きく粉・水溶液・ペーストにして使う

重曹の使い方は大きく分けて、**粉のまま使う「重曹粉」、水に溶かしてつけ置きしたり吹きつけたりする「重曹水」、水を加えてペースト状にする「重曹ペースト」**の3つです。汚れの種類や使う場所に応じて使い分けます。重曹粉は穴のあいているシェーカーに入れて振りかけたり、通気性のある袋などに入れます。重曹水は、つけ置きするときは洗面器などに入れ、吹きつけるときは重曹スプレーに入れます。重曹ペーストは歯ブラシなどにつけてガンコな汚れをこすり落としたりします。

一度作っておけば
お手入れが楽です!

粉のまま
気になる場所に
振りかける!

重曹粉

使い方	重曹を粉のまま使います。汚れを落とすときは直接振りかけて、しばらくおいてなじんだら落とします。消臭に使う場合も気になる場所に直接振りかけるか、ふたのない容器に入れて、置いておきます。
作り方	容器に入れてそのまま使います。振りかける場合は、シェーカーまたは穴の開いたボトルに入れます。保存するときは穴をふさぐなどして密閉します。

重曹水

使い方　重曹を水に溶かして使います。水に溶かすことで重曹がイオン化して汚れと結びつきやすくなるので、濡れてもよい場所なら、粉よりも効果的です。拭きそうじやつけ置き洗いにぴったりです。

作り方　水またはお湯200mℓに対して重曹大さじ1（濃度は約6%程度）を加えます。洗い桶やボウルで作ってもよいです。

水に溶かして
拭きそうじや
つけ置きに！

重曹スプレー

スプレーに
重曹を入れて
吹きつける！

使い方　汚れている場所に直接吹きつけるか、布やぞうきんに吹きつけて拭きます。作りおきして常備しやすいです。

作り方　水200mℓに対して重曹小さじ1（濃度は2~3%程度）を加えて、スプレー容器に入れます。

重曹ペースト

使い方　古い歯ブラシに重曹ペーストをつけてこすります。研磨力に優れているので、粉では落としきれない汚れや、液だれしやすい壁面などのそうじにおすすめです。しつこい汚れには、重曹ペーストを塗って、ラップでパックしてしばらくおいてからこすると落ちやすくなります。

作り方　重曹大さじ2に水小さじ1を加えて、ペースト状になるまで混ぜます。

ガンコな汚れを
落とすときに
ぴったり！

お酢の基本

お酢が持つ5つの作用を理解しよう

一般的にお酢といわれるものは正式には「食酢」といいます。穀物や果実を原料として酒を醸造し、そこに酢酸菌を加えて発酵させて生成された酢酸を4~5%含むものを指します。重曹は酸性の汚れを落としますが、取れた汚れを残った重曹ごとすすぐ場合は、お酢を使用します。重曹でそうじをしたあとに、乾くとザラザラしたり、アルカリ成分が残ることがあります。その場合お酢で拭くことで中和することができます。**「重曹でおそうじ、お酢でリンス」とセットで覚えてください。**

1 浸透・剥離・溶解作用

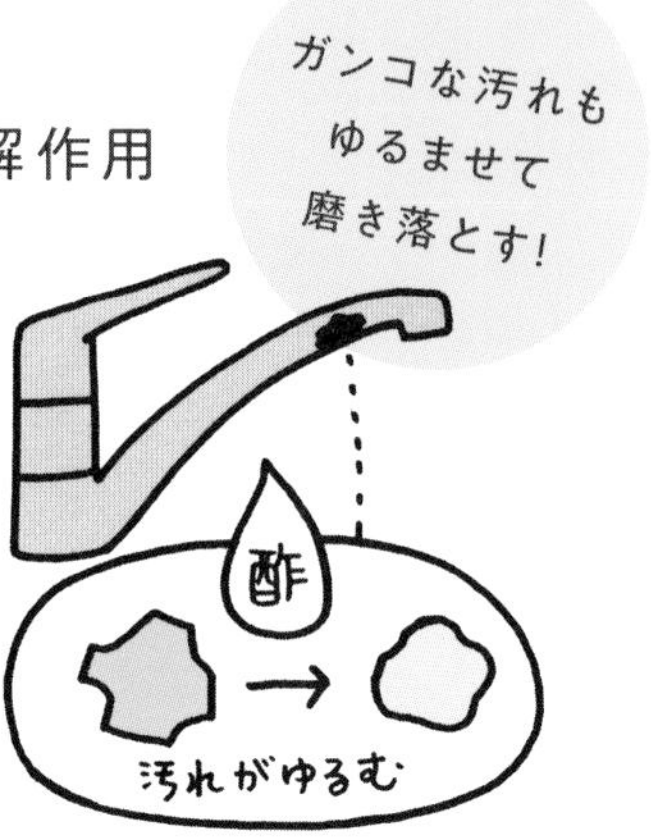
ガンコな汚れも
ゆるませて
磨き落とす!
酢
汚れがゆるむ

お酢にはいろいろな物質にしみこみ、はがしたり、溶かしたりする働きがあります。この作用により、汚れが落ちやすくなります。特に、水あかなどの結晶性の汚れに有効です。トイレの黄ばみなどガンコな汚れは、まずお酢で結晶をゆるませ、磨き落とすのがコツです。

2 抗菌作用

雑菌が
増えないように
抑える!

お酢には雑菌が増えないように抑える「静菌」という働きがあります。 さらに70度以上に温めたり、塩と一緒に使ったり、抗菌作用の強い精油(エッセンシャルオイル)を混ぜると効果がいっそうアップします。

3 消臭作用

お酢は酸性の素材です。トイレのアンモニア臭や魚の生臭さ、タバコのにおいといったアルカリ性の悪臭を中和して解消する作用があります。お酢特有の刺激臭は時間がたつと消えるので、空気はスッキリときれいになります。

アルカリ性の
悪臭を
中和して分解!

石けん成分を
溶かし
スベスベにする!

4 リンス作用

重曹や石けんで洗濯すると、粒や石けん成分が残ってしまうことがありますが、お酢は髪や肌、衣類に残る石けん成分を溶かし、スベスベにする働きがあります。石けん成分がもとの油脂成分に戻るため、きしみを取るだけでなく、布や肌にうるおいとつやが戻るのです。

5 還元作用

お酢にはサビを取る働きもあります。これを「還元作用」と言い鉄や銅などの金属製品のサビ、くもりなどの酸化した汚れは、お酢を使えばスッキリと取れ、元のピカピカの状態に戻すことができます。市販のサビ取り剤ほど強い作用ではありませんが、強い薬品を使わないので、安心して家でサビ取りができます。

金属製品の
サビを
取る働きも!

ハーブビネガーの作り方

お酢＋ハーブで香りも楽しもう

＼おすすめのお酢とハーブ／

ホワイトビネガーがおすすめ!

ホワイト
ビネガー

お酢

無色透明で香りが少ないピクルス用のホワイトビネガーが一押しです。ハーブの香りがきわだち、色もきれいに出ます。安くて手に入りやすい穀物酢でも代用できます。

＋

ドライハーブ

天然のハーブ（香草）を乾燥させたもの。お酢にハーブの作用を加えることができます。

エッセンシャルオイル（精油）

ハーブの代わりに、エッセンシャルオイルを入れてもいいです。購入する際は、成分が100%植物由来のものを購入しましょう。アロマオイルはアルコールや合成物質などが入っている可能性があるので注意しましょう。

においが緩和され
使い心地アップ!

お酢は原液のまま使う場合、使用直後は酸の特有の強いにおいがします。重曹のそうじの仕上げや軽い汚れを取る場合は水で薄めたお酢水にして使用します。家事に使うお酢は風味が必要ないので値段の高い米酢や果実酢ではなく、**安価なホワイトビネガーがおすすめ。ピクルス用のお酢で、無色透明で香りが少ないのが特徴です。**

さらに、エッセンシャルオイルやハーブを加えると、香りも楽しめるだけでなく、防虫作用や抗菌作用などそれぞれが持つ作用も加えることができます。

ハーブビネガーの作り方

1 お酢を計る

200mℓ作る場合は、まず60~70mℓのお酢を計り入れます。

2 ハーブを入れる

好みのハーブまたはエッセンシャルオイルを入れます。エッセンシャルオイルの場合は濃度1%以内の量（200mℓの場合は8滴ほど）を入れます。ドライハーブの場合は、大さじ1~2を入れ、ときどき混ぜながら7~10日つけておきます。

3 水を入れる

お酢の1~2倍の量の水を入れます。

4 混ぜる

軽くボトルを振って混ぜます。

5 キャップをつける

スプレーキャップをつけて完成です。

重曹の基本の使い方 2

汚れ・においの正体を知ろう

＼ 汚れの見きわめチャート ／

水で落ちる?

落ちる

＝水溶性の汚れ

部屋のほこりや床にこぼれたジュースなど、水拭きできれいになるものは、水溶性の汚れです。重曹を使わなくても、洗ったり拭いたりしてきれいにできる簡単な汚れです。

落ちない

重曹で落ちる?

落ちる

＝油溶性の汚れ

[生き物由来（有機物）の汚れ]
[堆積・固化したカルシウム以外のもの]

油汚れや焦げつきなど水だけではきれいにならない汚れの多くはこれに当てはまります。重曹によって中和分解され、水に溶けるようになるので洗ったり拭いたりできます。

落ちない

＝油溶性でも水溶性でもない固い岩

[水あか、尿石]

水の中のカルシウムイオンが結晶化した水あかは、いわば小さな岩のようなもの。水が落ちて乾く場所によくできます。尿石も、トイレの水と尿の成分が結びついて固化した一種の堆積岩です。これらはお酢でゆるませ、物理的に磨いて取るしかありません。

お酢で落ちる!

汚れやにおいはその性質を見きわめ、それに応じたお手入れをしましょう。まずは水で落ちるかどうかを確認し、それでも落ちない場合、重曹で落ちるかどうかで、どんな汚れか見分けられます。**重曹で落ちるものは、生き物から発生した汚れです。重曹で落ちないものは、水あかや尿石などで、お酢でゆるませて、磨き取ります。**

　また、においのほとんどは酸性で、重曹で中和できますが、トイレのアンモニア臭、魚の生臭さ、タバコの煙は例外でアルカリ性になるため、お酢で中和します。

汚れの種類

有機物

生き物由来の汚れ

- 油汚れ
- 焦げ付き
- 脂
- 石けんカス
- 湯あか
- 汗
- 手あか など

弱アルカリ性

↓

重曹・石けんで落とす

小さな岩のようなもの

堆積・固化したカルシウム

- 水あか
- 尿石

酸性

↓

お酢で落とす

においの種類

ほとんどの悪臭は**酸性**!

↓

重曹で中和

キッチンの生ごみの腐敗臭や食べ物臭、ペット臭、寝具の汗臭さなど、多くの汚れは酸性なので、そこから起こる悪臭もやはり酸性です。

例外

- トイレのアンモニア臭
- 魚の生臭さ
- タバコの煙

↓

お酢で中和

尿のアンモニア臭、魚特有のトリメチルアミン臭、タバコの煙に多いアンモニア・アミン臭はいずれも例外的なアルカリ性の悪臭です。

そろえておきたい道具

おそうじがはかどる道具たち

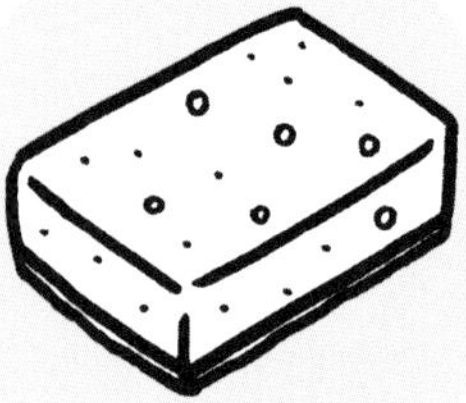

スポンジ

重曹粉や重曹ペーストをつけて、汚れをこすり落とすときに使います。

ふきん・ぞうきん

重曹スプレーを吹きつけて拭いたり、汚れを拭き取るためなどに使用します。

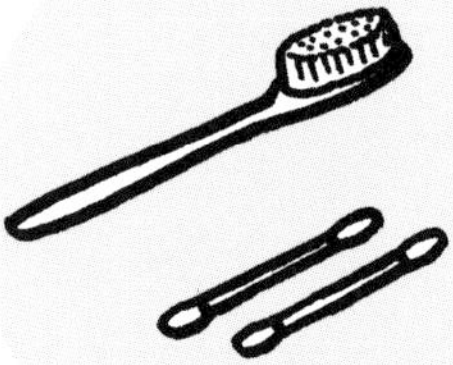

歯ブラシ・綿棒

細かい部分をそうじするのに使用します。歯ブラシは使い古しのものを再利用してもいいでしょう。

重曹とお酢を使ってそうじをする際に必要な道具と、作業がはかどる便利な道具を紹介します。**重曹やお酢を計るための計量カップや計量スプーン、重曹水をつけ置きしたり混ぜたりするための洗い桶やボウルなどは必須です。**

また、重曹ペーストをラップでパック密閉すると、汚れが落ちやすくなります。重曹で汚れを落とすときは、スポンジや歯ブラシなどにつけたり、ぞうきんに吹きつけるなどして使います。お酢を含ませて汚れを落とすときにはキッチンペーパーを使います。

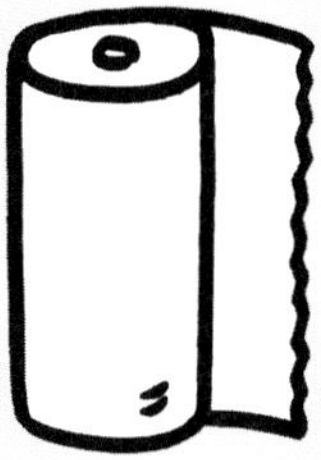

キッチンペーパー

使った重曹ペーストを拭き取ったり、お酢を含ませて汚れを落とすときに使います。

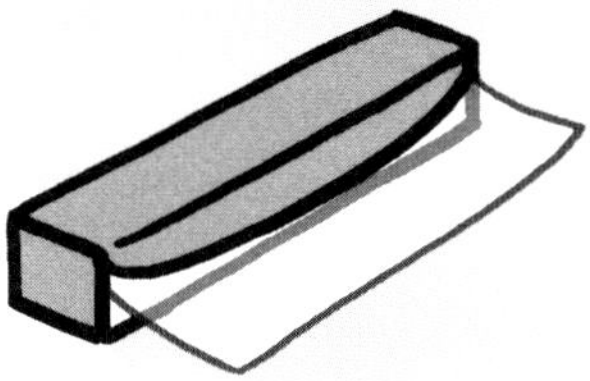

ラップ

重曹ペーストをラップでパックして密閉すると、こびりついた汚れが落ちやすくなります。

計量カップ・計量スプーン

重曹やお酢を計ります。きちんと計って使うことで無駄なく効果的にそうじができます。

洗い桶・ボウル

重曹やお酢を混ぜるときに使ったり、つけ置きするときに使用します。

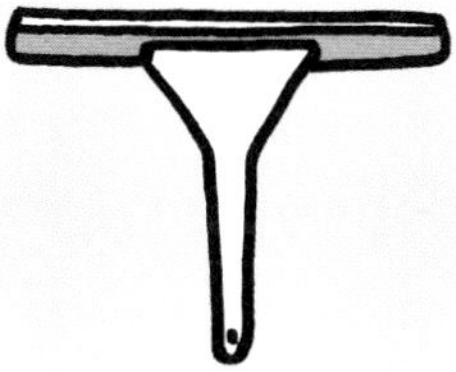

スクレーパー

お風呂そうじのときに、水切りに使用します。

本書での計量の目安

液体の場合	重曹粉の場合
大さじ1＝15mℓ	大さじ1＝約12g
小さじ1＝5mℓ	小さじ1＝約4g
1カップは200mℓ	1カップは約160g

※計量スプーンで計る場合、すりきりにして1杯と数えます。

重曹クリーニングの段取りと目安

段取りを計算して重曹に働いてもらおう！

重曹でそうじをするときは、いかに自分が働かずに楽をするか、を考えることが大切です。事前に段取りを考えるのが「人間の仕事」で、実際に汚れを落としてくれるのが「重曹の仕事」です。自然の力である重曹が汚れを落としてくれるので、ゴシゴシこする必要はありません。むしろ、「こするのは負け！」なのです。その代わりに時間を味方につけましょう。自然の化学反応を利用して、海がいつのまにかおだやかに汚れをほどいてしまうように、ほんの少し待つことで汚れを取ることができます。

1

時間をコントロールして手早くそうじをする

重曹に働いてもらい、段取りよくそうじをするには時間をうまくコントロールしましょう。例えば、キッチンまわりのそうじや洗いものなども、つけ置きする時間を計算して長くかかるものから順につけ置きしておけば、ゴシゴシと洗ったり、長い時間をかけずに済みます。

[段取りの例]

「食器類のくすみを取る」(P70参照)

↓ 20~30分つけ置きする

「まな板の消毒」をする(P68参照)

↓ 5~10分ほど放置

その間に「冷蔵庫のそうじ」をする(P72参照)

↓

まな板を熱湯で洗い流す

↓

食器類を水で洗い流す

2

重曹水の濃度の目安

汚れの程度によって1~2%以下のうすい重曹水にするか、2%以上の濃い重曹水にするか使い分けるといいでしょう。基本は2%（水200mℓ・小さじ1）です。本書で使用する主な濃度の目安は右記を参考にしてください。およそ1ヶ月以内で使い切りましょう。

［ よく使う重曹水の濃度 ］

1% …	水400mℓ …	小さじ1
2% …	水200mℓ …	小さじ1
4% …	水100mℓ …	小さじ1
5% …	水1ℓ ………	大さじ4

3

濃い重曹水を使うときはお酢水とセット

ガンコな汚れをそうじするときは2%以上の濃い重曹水を使います。濃い重曹水を吹きかけたら、その後に必ずお酢水で拭き取ります。濃い重曹水は、乾くと重曹が吹き出して表面がザラザラしてくるからです。汚れた箇所に重曹水を吹きかけておいて、仕上げとしお酢水をつけたぞうきんをかたく絞って、重曹を拭き取ります。濃い重曹水とお酢水はセットで使用すると覚えておきましょう。濃度が約1~2%以下のうすい重曹水を使う場合は、ざらつきが少ないので、お酢水を使わずにそのまま拭き取ります。

4

重曹は一呼吸置いてから拭き取る

例えば、テーブルのちょっとした汚れをそうじしたいとき、重曹水を吹きかけたら、一呼吸待ちましょう。その後に拭き取ります。合成洗剤なら、吹きかけてすぐに効果が出ますが、重曹はゆっくりと効果が出ます。化学反応するのに時間が少し必要なので、心の中で「1秒」数えてから拭き取るといいでしょう。軽い汚れなら、ゴシゴシする必要はなく、拭く一動作で汚れが落ちます。

Q&A 重曹・お酢の選び方と注意点

Q 重曹を選ぶ基準は？

A 99.9%以上の食用グレードのものを選ぼう

重曹は工業用、食用、薬用の3つに分類されています。本書で紹介する使い方の中には直接手に触れたり、お風呂に入れる場合もあるので、子どもやペットがいても安心して使用できる99.9%以上の食用グレードのもの（成分表示には食品添加物と表記）を選びましょう。

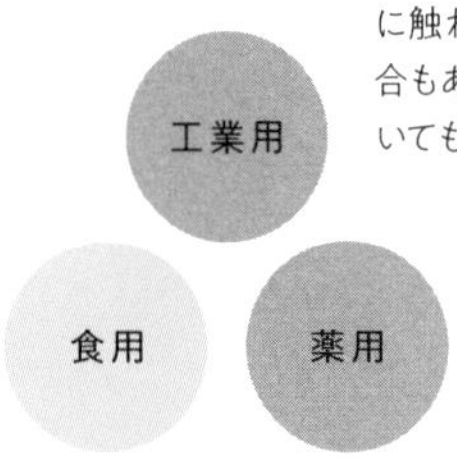

Q ベーキングパウダーと重曹の違いは？

A 重曹100%ではなく酒石酸などを混ぜたもの

重曹と酸を合わせると、炭酸ガスが発生し、パンやケーキをふくらます働きをします。ベーキングパウダーはこの性質を利用するために、あらかじめ重曹に酒石酸やクエン酸などを加えています。重曹100%ではないので、本書での使用には適していません。

Q 重曹を使ってはいけないものは？

A アルミやむく材は避けよう

表面に傷のあるアルミ製品は、重曹を使うと黒く変色するおそれがあります。また、むく材のフローリングなど未加工の木製品はシミになる場合もあるので、避けましょう。また、銅製品に重曹が付着したままにしておくと、サビが生じるので、重曹を使ったらお酢水で洗い流しましょう。

Q 消臭剤として使った重曹は再利用できる？

A においを吸収した部分は効果が落ちる

消臭剤として使用した場合、においを吸収した重曹は少し効果が落ちます。容器に入れて消臭剤としてげた箱に置いていた場合、効果がなくなるのは、空気に触れていた表面の部分だけ。表面だけ取り除けば、引き続き使用できます。

Q 重曹水が沈殿して使いづらいときの対処法は？

A まずは重曹を半分にして使ってみよう

重曹スプレーは1週間に2、3回以上使っていれば大丈夫ですが、しばらく使用しないと沈殿して使いづらいという人は、重曹を半分にして始めてみてください。それでも、底に残っているとしたら、それは沈殿ではなく、最初から重曹の入れすぎで溶け残ったものかもしれません。重曹は、水に対して濃度8%以上は溶けないので、もっと水を入れて薄めれば完全に溶けます。ノズルに詰まるのも、沈殿ではなく、「析出」といって海水などの濃い塩水で濡れた衣類が乾くとき、塩が吹くのと同じ、もう一度乾いて不規則な結晶に戻っている状態です。その場合は水を通すか、酢水で中和して結晶を溶かします。

Q 重曹とお酢の保存方法は？

A 使用したお酢の賞味期限などに従い直射日光を避けて保存

重曹は水に濡れると固まり、性質も変化してしまうので、高温多湿な環境は避けましょう。直射日光の当たらない風通しのよい冷暗所で、密閉容器に入れて保存するといいでしょう。きちんと保管すれば3年以上は保存ができます。お酢も重曹と同じように、直射日光を避けて冷暗所で保存しましょう。長期間保存ができますが、市販の食用酢には賞味期限や保存方法などが表示されているので、それに従うといいでしょう。ハーブビネガーも同様です。

Q たくさん食べても大丈夫？

A 安全性は高いが大量摂取は避けよう

重曹を大量に摂り過ぎると、血中のアルカリ度が高くなり過ぎたり、服用している薬の効果を弱めてしまったりするなど、弊害が起きる可能性があります。飲食するのは食塩の1日摂取限度量の半分程度である、1日3~4g（小さじ1）までを目安にしましょう。持病のある人や医師の治療を受けている人、薬を服用している人は、重曹を摂る前に医師に相談しましょう。

Q 粒の細かさに違いはあるの？

A 用途によって粒度を使い分けよう

重曹は粒度（粒の細かさ）によって、使用感が異なります。この粒度をうまく利用すれば、より効果的に重曹を使うことができます。たとえば、かたくり粉程度のきめ細かい重曹は水に溶けやすいので、重曹水の材料に適しているでしょう。反対にグラニュー糖程度に粒子の粗い重曹は研磨作用に優れています。こびりついた汚れを落としたいときに最適です。

粒が大きいと
シールのベタつきなど
落ちにくい汚れも
簡単に落とせます

Q 真珠や漆器には使用しないほうがいい？

A できれば使用を避けよう

重曹の粒は真珠よりやわらかいので、傷をつけることはありませんが、デリケートな真珠製品への使用は避けたほうが無難でしょう。他にも、クリスタル製品や螺鈿細工の漆器など、細かい傷がつきやすいものや、はがれやすいものにも向かないので注意しましょう。

デリケートな
製品には
使用NG!

PART 2

リビングなど生活の中で

生活臭を取り除く

置いておくだけでにおいが取れる！

収納スペースやげた箱など、湿気やにおいがこもりがちな場所の生活臭を取り除くのに、重曹の消臭作用はとても役立ちます。

粉のまま置いておくだけでよいですが、げた箱ではこぼれないように口を止めて、びんや箱に入れます。**衣類ボックスなどに入れる場合は、てるてる坊主のように、布に包んで、口を輪ゴムなどで止めて使用します。**もし衣類の上にこぼれてもそのまま洗濯すればふんわりと洗い上がります。中の重曹は3ヶ月ごとに取り替え、そうじなどに再利用できます。

タバコのにおいを消す

材料

重曹：適量

使い方

灰皿に粉のまま重曹を敷き詰めると、タバコのにおいが気にならなくなります。火の消し忘れも防ぎます。灰皿を洗うときも、重曹を振りかけて水洗いするとヤニを落とせます。

げた箱に置いて消臭する

材料

重曹：適量
びんまたは箱、布

使い方

びんや箱などの容器に重曹を適量入れます。口をガーゼなどの薄い布をかぶせて輪ゴムやひもで止めます。重曹がより多く空気に触れるほど消臭力が強くなるので、口の広い容器がおすすめです。

クローゼットや衣類を消臭する

材料

重曹：適量、布

使い方

におい取り袋（下記参照）を作ります。クローゼットのハンガーの間に吊るしておくだけで消臭効果があります。こもったにおいを消し去ります。

衣類ボックスに入れて消臭する

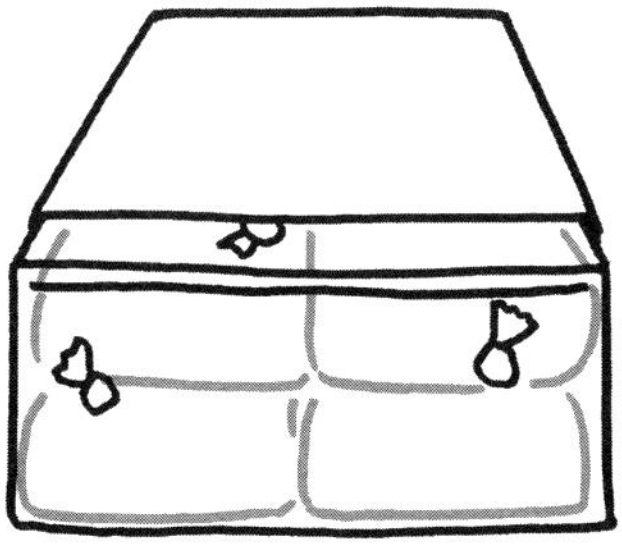

材料

重曹：適量、布

使い方

におい取り袋（下記参照）を作り、衣類ボックスの中に入れる場合は、衣類の上にのせましょう。3ヶ月ほどで交換し、使用済みの重曹はそうじなどに再利用できます。

におい取り袋の作り方

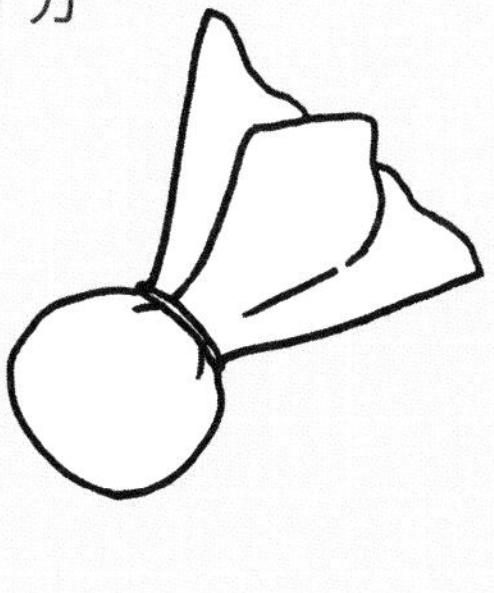

衣類ボックスの中などいろいろなところに置いておくのに便利なのが「におい取り袋」です。作り方は、適量の重曹をハンカチなど通気性のよい布や紙で、てるてる坊主を作るように包み、口を輪ゴムやひもなどでしっかりと止めます。消臭・吸湿作用を利用して、こもったにおいが気になる場所に置き、3ヶ月ごとに交換します。

カーテンやファブリックの消臭をする

材料

重曹水（重曹：小さじ2、水：200mℓ）

使い方

濃度約4％の重曹水をカーテンやファブリックなど全体にスプレーするだけ。布にしみ込んだ嫌なにおいもスッキリと消臭します。ダイニングチェアやソファなど、なかなか洗えないファブリックもお手入れが簡単です。

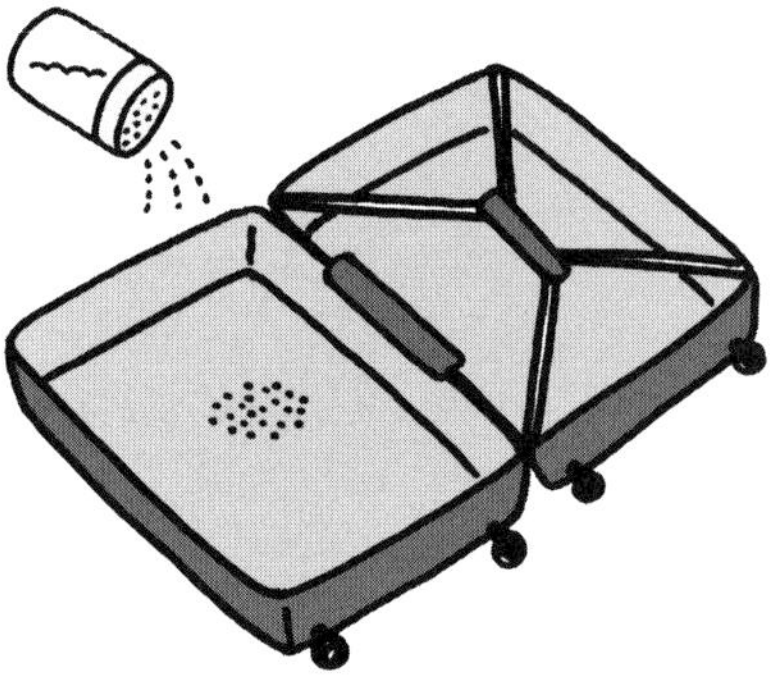

スーツケースのにおいを取る

材料

重曹：適量

使い方

スーツケースのように、たまにしか使わずそうじがしにくいものは、においがこもりがち。保管するときに重曹をまんべんなく振りかけてそのまま収納します。次に使用するときは掃除機で重曹を吸い取ればにおいが気になりません。

毛布のカビ臭さを取る

材料

重曹：適量

使い方

押入れにしまったままで、カビくさくなった毛布も、重曹を振りかけることで消臭できます。まんべんなく重曹を振りかけたあと、端から巻いて2時間ほど置きましょう。その後、重曹をはたき落として、屋外で陰干しをします。

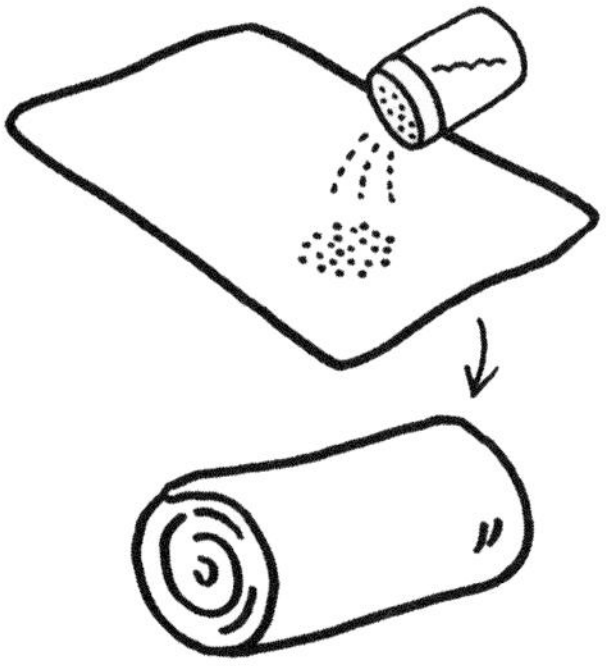

1%の
重曹水

加湿器のカビ臭さを取る

材料

重曹水（重曹：大さじ1、水：1ℓ）

使い方

濃度約1%の重曹水を加湿器の貯水タンクに入れます。そのまま通常通りに運転すれば、加湿器から出るカビくさい嫌なにおいは取れます。水を入れ替えるたびに重曹を入れるようにしましょう。

ドライハーブを
混ぜても香りを
楽しめます！

部屋をすてきな香りで満たそう

材料

重曹：適量
エッセンシャルオイル数滴

使い方

適量の重曹に、お好みのエッセンシャルオイルを混ぜ、通気性のよい器にセットします。重曹の作用を利用して、寝室など部屋の中をアロマのすてきな香りで満たします。消臭剤として使用したい場合は、エッセンシャルオイルを入れずに、重曹だけを置くようにしましょう。

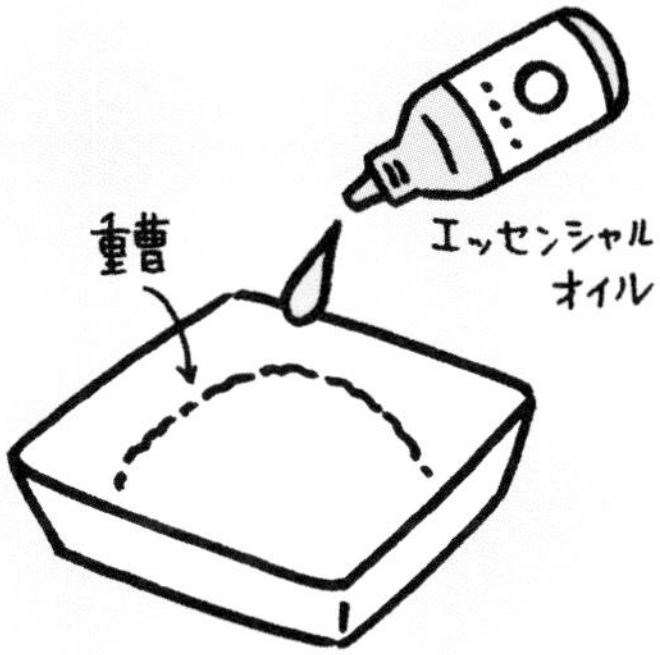
重曹
エッセンシャル
オイル

室内のそうじ 1

床やカーペットの汚れ・シミを取る

カーペットやマットの手入れをする

振りかけたあとに掃除機をかけるのね!!
一晩置く

材料　重曹：適量

使い方　掃除機を掛ける前に、カーペットに重曹を直接振りかけて一晩置くだけで、汚れやにおいを取ることができます。翌日、掃除機でしっかりと重曹を吸い取ると、さっぱり仕上がります。

家族がリラックスして過ごすリビングやダイニングは、家の中でも過ごす時間が多い場所だけに、ついつい汚れが増えてしまうものです。**ちょっとした汚れやほこりであれば、気づいたときにティッシュに少し重曹水をスプレーして、さっと拭き取る**など、ちょこちょこと手入れをすれば、そうじをしなくても、常に清潔に保つことができます。カーペットや布製品のガンコな汚れのクリーニングも、重曹ペーストを一晩つけて置くだけで、拭き取ることができます。

布張りのソファについたシミを取る

材料

重曹ペースト（重曹：1カップ、水：100mℓ）

使い方

布張りのソファについてしまった食べ物などのシミは、重曹ペーストを歯ブラシにつけて、そっとこすると落ちます。乾いた布で汚れを吸い上げるように拭き、水けを取ります。

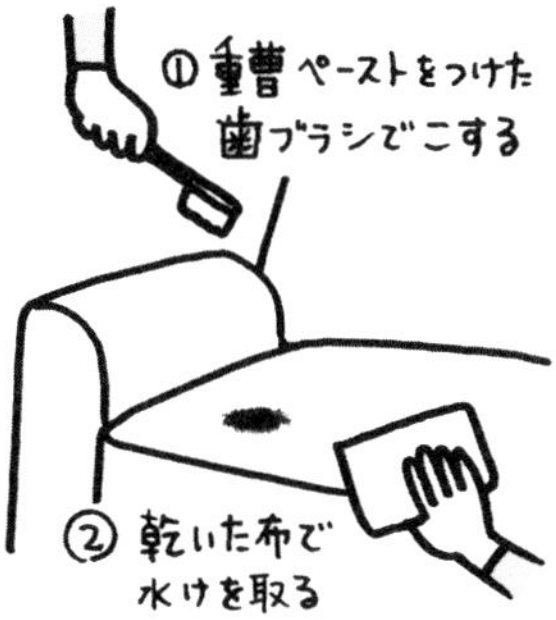
①重曹ペーストをつけた歯ブラシでこする
②乾いた布で水けを取る

カーペットについた食べ物や飲み物のシミを落とす

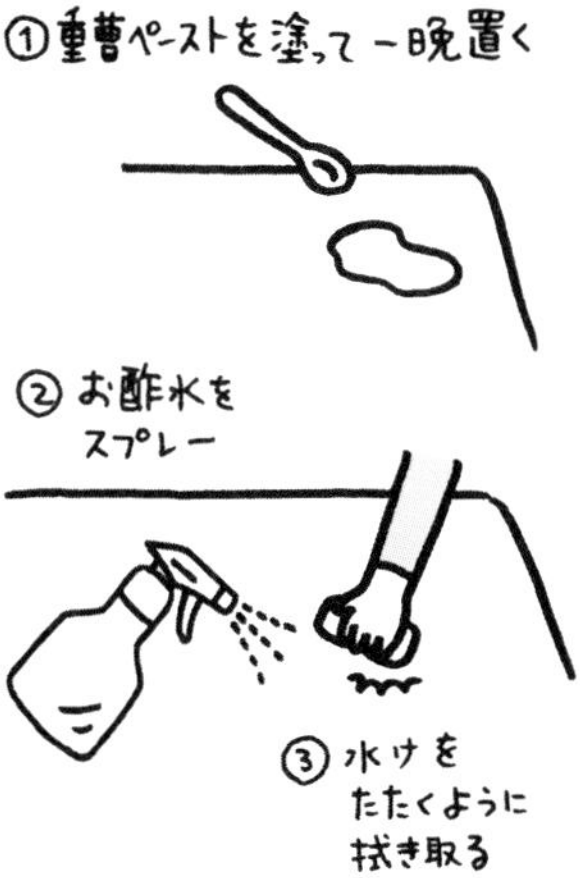
①重曹ペーストを塗って一晩置く
②お酢水をスプレー
③水けをたたくように拭き取る

材料

重曹ペースト（重曹：1カップ、水：100mℓ）
お酢水(酢：50mℓ、水：100~150mℓ)

使い方

カーペットについた食べ物や飲み物のシミは、重曹ペーストを塗り一晩置きます。翌日、乾いた重曹にお酢を2~3倍に薄めたお酢水を少しずつスプレーし、スポンジで重曹と水けをたたくように拭き取って自然乾燥させます。色落ちが心配なときは、念のため目立たないところで一度テストを行ってください。

畳をさっぱりときれいにする

材料

お酢水(酢：50mℓ、水：100~150mℓ)

使い方

畳は重曹を使うと黄ばんでしまうので、お酢水を使うとさっぱりときれいになります。お酢水は直接畳に吹きかけず、布にスプレーで吹きつけて、畳の目に沿ってやさしく拭きそうじします。

室内のそうじ 2

窓や網戸の汚れを取る

ブラインドの羽根をきれいにする

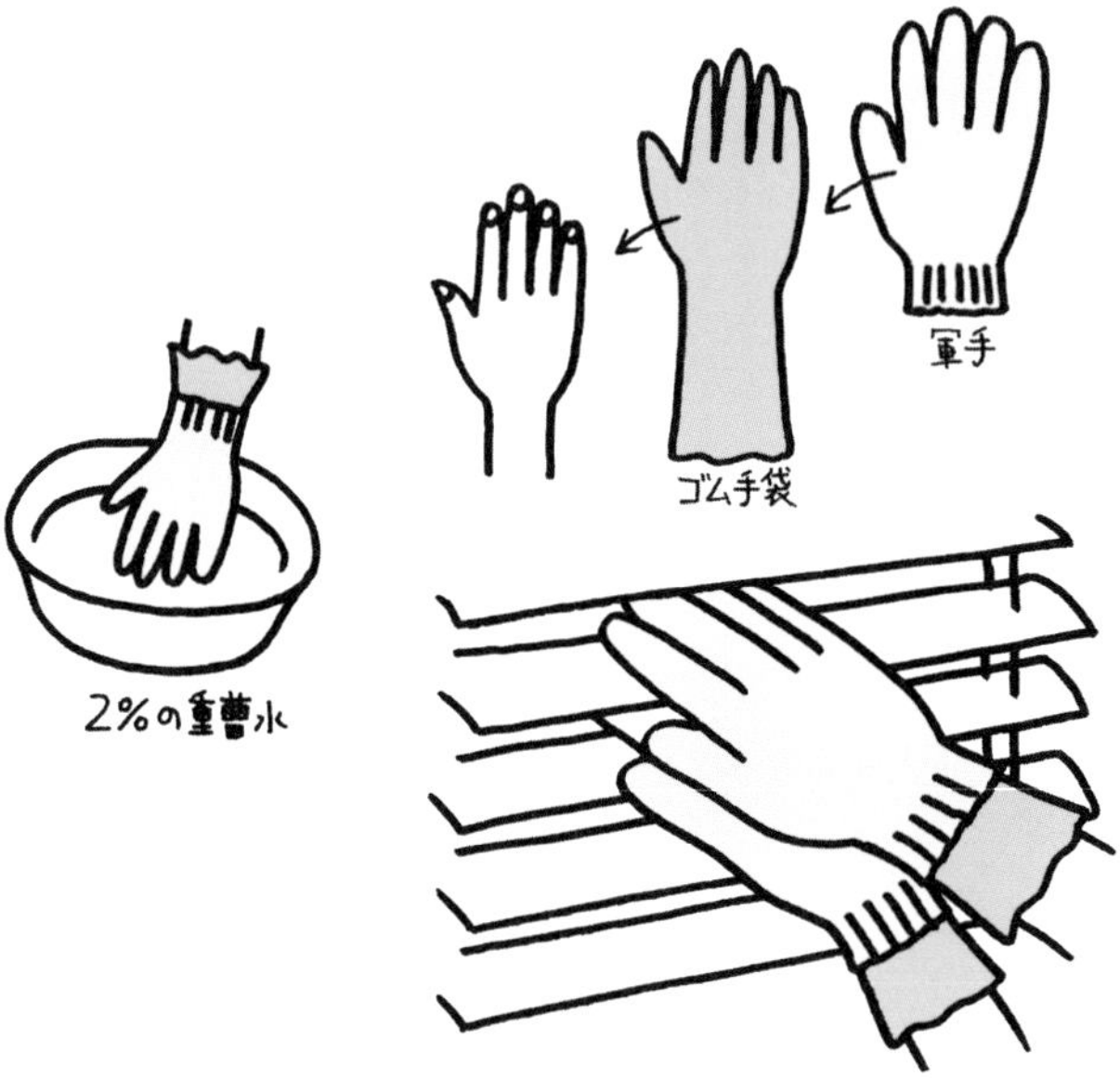

材料

- 重曹水（重曹：大さじ2、水：1ℓ）
- お酢水（酢：100mℓ、水：200~300mℓ）

使い方

ゴム手袋をした上に軍手を重ねてはめます。濃度約2%の重曹水を軍手にしみ込ませ、ブラインドの羽根を両手で１枚ずつはさんで裏表同時に拭くと、手軽にきれいになります。仕上げにお酢水で同じように拭きましょう。

お家の中でも、窓まわりのそうじはついつい後回しにしがちです。窓の汚れは、内側にはほこりや手あか、カビ、キッチンから出る油汚れなどがあり、外側には車の排気ガスや雨水による煤やホコリ、土砂などがついています。

重曹水を濃度約２％で使用します。軽い汚れなら吹きかけて布で拭くだけで落ちます。**網戸には新聞紙を、ブラインドには軍手を使うと、手間がかからずに確実にきれいになります。**仕上げにはお酢水を使用すると、ピカピカになります。

窓ガラスの汚れをピカピカにする

材料

重曹水（重曹：小さじ1、水：200mℓ）
お酢水（酢：50mℓ、水：100~150mℓ）

使い方

濃度約2%の重曹水を含ませたスポンジに、重曹適量を振りかけて、窓を磨きます。汚れが落ちたらお酢水をスプレーして重曹を中和し、拭き取ります。そのあと、お酢水で全体を拭き、最後に乾いた布で水けを拭き取ります。軽い汚れの場合は重曹水を吹きかけ、布で拭くだけでもOKです。

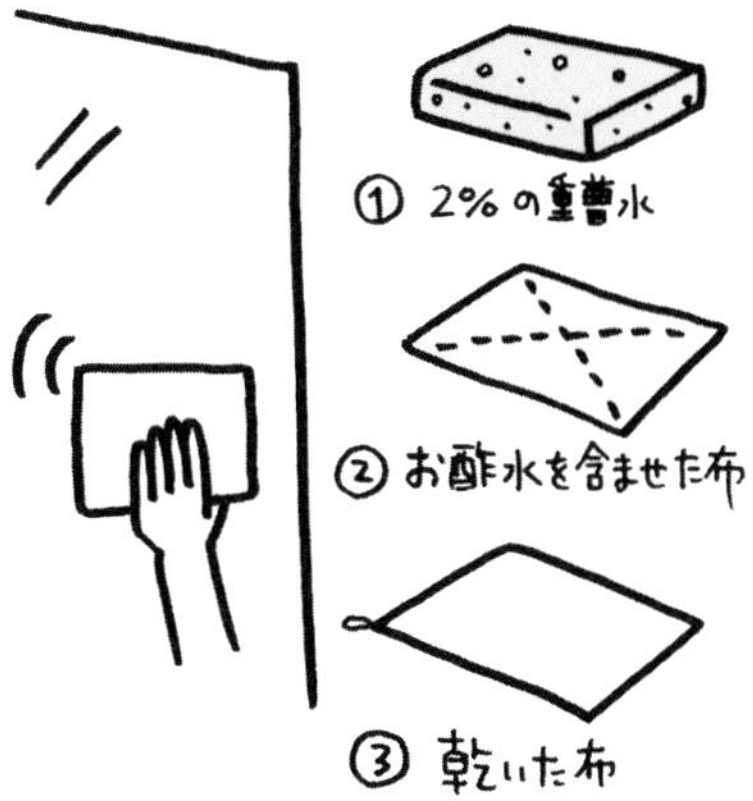
① 2%の重曹水
② お酢水を含ませた布
③ 乾いた布

室内側に新聞紙
外側から
2%の重曹水を
スプレー
次にお酢水を
スプレー

網戸の汚れを落とす

材料

重曹水（重曹：小さじ1、水：200mℓ）
お酢水（酢：50mℓ、水：100~150mℓ）

使い方

網戸の室内側に手で新聞紙を沿わせ、次に濃度約2%の重曹水を外側からスプレーし、しばらくおきます。そのあとお酢水をスプレーして新聞紙を外し、水を含ませた布で両面から挟んで同時に水拭きします。

カーテンなど洗いにくいもののお手入れもOK

カーテンのように簡単に洗えないもののお手入れこそ重曹の出番です！　重曹水（重曹：小さじ2、水：200mℓ）をスプレーに入れて、吹きかければエアウォッシュスプレー代わりに。吹きかけた後はそのまま乾かします。布にしみ込んだ嫌なにおいを消臭してくれるだけでなく、あとで洗濯をするときも、汚れがぐっと落ちやすくなっています。洗えないファブリック製のクッションなども、同じようにお手入れできます。

室内のそうじ 3

壁や天井の汚れ・黒ずみを落とす

壁の手あか汚れ などを取る

材料
重曹ペースト（重曹：1カップ、水：100mℓ）
お酢水（酢：50mℓ、水：100~150mℓ）

使い方
壁表面についた汚れは重曹ペーストを歯ブラシにつけて、こすり落とします。その後、かたく絞った布で拭き取り、お酢水をスプレーし乾いた布で拭き取ります。日々のお手入れならお酢水だけでOKです。

壁の汚れは、ほこりやタバコの煙、調理で発生する油を含んだ煙、手あかや皮脂など原因はさまざまです。一般的なマンションなどではクロスと呼ばれる壁紙がよく使われています。壁紙の種類によっては水分を吸収してしまうので、目立たないところで試してからそうじをしましょう。

日々のお手入れだけならお酢水を適量スプレーして拭き取るだけでOKです。**黒ずみ汚れやこびりついている汚れは、重曹ペーストをつけてこすり落とし、その後、お酢水で仕上げをしましょう。**

クレヨンの落書きを落とす

材料

重曹水（重曹：小さじ1、水：200mℓ）

使い方

なかなか落ちないクレヨンの落書きでも、水に濡れても大丈夫な樹脂加工の壁や家具なら重曹水で落とせます。濃度約2%の重曹水を含ませたスポンジで汚れをこすり落とします。

天井の汚れを取る

材料

お酢水（酢：50mℓ、水：100~150mℓ）

使い方

あまりそうじをする機会がない天井ですが、お酢水を使ってそうじをしましょう。フロア用モップの先端に、お酢水を含ませたキッチンペーパーをつければ楽にできます。

コンセントの差し込み口まわりのそうじ

材料

重曹水（重曹:小さじ1、水:200mℓ）

使い方

コンセントの差し込み口のまわりにほこりがたまると、漏電の原因になるので壁そうじのついでに、一緒にそうじしましょう。カバーは重曹水を含ませた布で拭きます。差し込み口のまわりは、重曹水を綿棒に含ませてそうじします。電気が通っているので、差し込み口の中までは押し込まないようにして、感電には注意しましょう。

室内のそうじ 4

家電の手入れやそうじもできる

家電製品は静電気の力でほこりを吸い寄せたり、手あかがついてしまい気づけば汚れてしまいがちです。**表面をそうじするときは、重曹水をしみ込ませた布などで拭き、仕上げにお酢水で拭き取ります。**

内部のフィルターなどをそうじするときは、取り出して個別に重曹水などで汚れを取ります。

掃除機など排気やにおいが気になるものは、重曹をあらかじめ入れておくと消臭作用により、においわなくなります。

家電を拭く際は直接吹きかけないように!

エアコンの汚れを取る

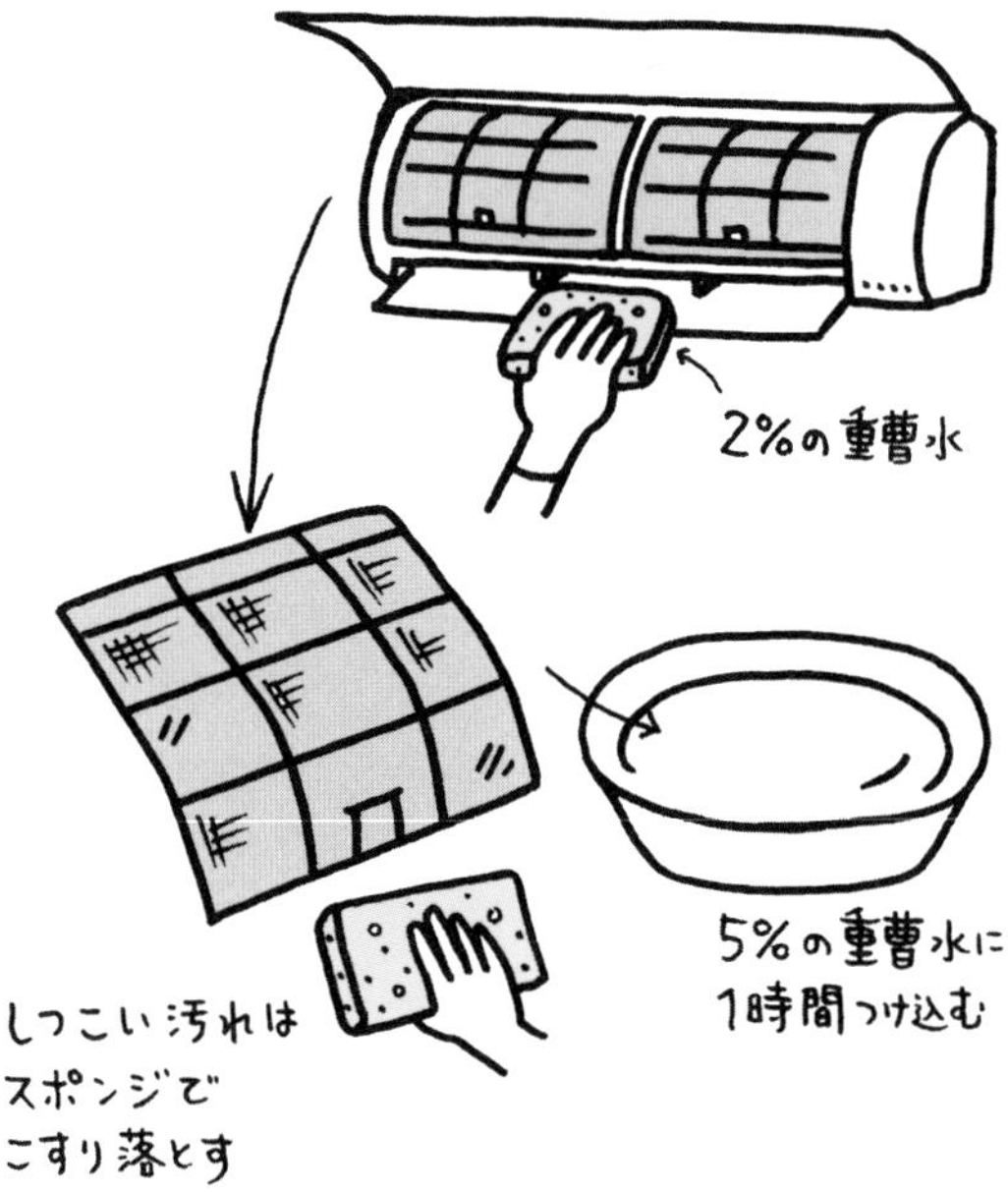
2%の重曹水
5%の重曹水に1時間つけ込む
しつこい汚れはスポンジでこすり落とす

材料　重曹水（重曹：大さじ8、水：2ℓ）

使い方　空気清浄機やエアコンの吹き出し口は重曹水をスポンジに含ませてこすり、布で水拭きをします。フィルターは、あらかじめ掃除機で大きな汚れを吸い取っておきます。重曹水に1時間つけ込み、お湯で軽く洗います。

掃除機の排気をクリーンにする

材料

重曹：適量

使い方

掃除機を使うとき、排気のにおいがこもって苦手という人は、あらかじめゴミをためる紙パックの中に重曹を適量入れるだけでOK。サイクロン式掃除機の場合は、床に重曹をまいて吸い取りましょう。排気がにおわないだけでなく、床のにおい防止にもなります。

家電には直接スプレーを吹きかけないように

家電の拭きそうじをするとき、内部に重曹や酢が浸透すると、故障の原因になります。直接スプレーで吹きつけないように、布などに吹きつけてから拭くようにしましょう。また、テレビやパソコンの画面は、表面に帯電防止のコーティングがしてあります。お酢の浸透・剥離作用ではがしてしまう可能性があるので、拭きそうじはNGです。

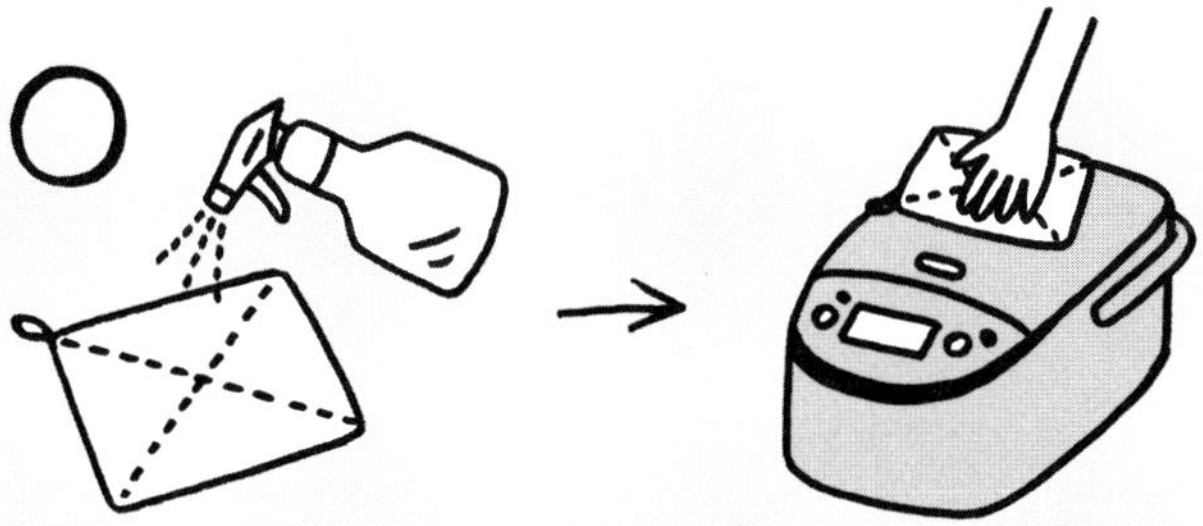

植物を活性化

植物を長持ち＆元気にする効果もある！

観葉植物の葉につやを出したり、切り花を美しく長持ちさせたりと、**植物を活性化させたい場合、水の代わりに重曹水を与えると効果があります。**観葉植物を大きめの鉢に植え替えるときも、新しい植木鉢に土を入れる前に、内側に軽く重曹を振りかけておくと、植物は元気に育ちます。

　また、植物にはアルカリ性の土壌を好み良く生育するものと、酸性の土壌を好むものがあります。酸性の土壌を好む植物の場合は、水でお酢を薄めたお酢水を与えるとよいでしょう。

切り花を長持ちさせる

材料　重曹水（重曹：大さじ1、水：1ℓ）

使い方　切り花を生けるとき、重曹水を花器に入れるだけで、美しく長もちさせることができます。切り花が傷む原因は、実は切り口から雑菌が入るためです。重曹の静菌作用なら、雑菌の繁殖を抑えることができます。

観葉植物の葉につやを出す

2%の
重曹水

材料

重曹水（重曹：小さじ1、水：200mℓ）

使い方

重曹を使えば、葉をつややかに保つことができます。重曹水を布につけて、観葉植物の葉を１枚ずつ拭きましょう。つやが出て、植物がいきいきとします。ほこりがついているときは、最初に落としておきましょう。

草花を回復させる

材料

重曹水（重曹：大さじ2、水：1ℓ）

使い方

アルカリ性の土壌を好む草花に、水やりの際に水と一緒に濃度約2%の重曹水を与えます。いもやぶどう、トマト、ほうれん草、ハーブなどにおすすめです。

造花のほこりを
取るのにも
おすすめです！

庭仕事にお酢を活用すると植物が丈夫に育つ

重曹だけでなく、お酢にも植物が丈夫に育つ効果があります。庭仕事で水やりをする際に、水1ℓあたり、お酢を大さじ4の割合で混ぜたお酢水を、じょうろなどで葉や茎にかけるように与えます。また、土質改善などで石灰を使ったときは、お酢で手を洗うとアルカリが中和されて手荒れを防ぐことができます。

ペットの世話

安全な重曹でペットも快適に暮らせる

犬や猫など飼っているペットも家族の一員です。刺激がなく体に入っても安全な重曹を使って、ペット用の道具の手入れをしましょう。

ペットを飼う際の一番の悩みはにおいですが、**重曹を使えば粗相をしたときやペット用マットの汚れを取るだけでなくにおい対策にもなり、ペットも人間も快適に暮らせます。**

また犬や猫用のシャンプーに入れたり、ブラッシングの際に使うと、毛並みが良くなり、サラサラになります。

ペット用トイレを消臭する

①重曹を振りかける
②砂を敷く
③さらに重曹を振りかける
重曹で砂をサンドイッチにするニャー

材料｜重曹：適量

使い方｜トイレ砂を替えるとき、まずトイレの底に重曹をまんべんなく振りかけます。次に、砂を敷きつめ、さらに重曹を振りかけます。重曹で砂をサンドイッチすることで、トイレのにおいを消臭します。

粗相の始末をする

材料

お酢水（酢：50mℓ、水：50mℓ）

使い方

カーペットなど洗いにくいものに粗相をしてしまったら、まずお酢水を汚れた部分にたっぷり吹きつけます。その上から重曹を振りかけてそのまま重曹が乾くまで放置します。重曹が乾いたら掃除機で吸い取ります。粗相したものがすでに乾いている場合は、取り除いてからそうじしましょう。

①お酢水を吹きつける
②重曹を振りかけて放置

首輪の汚れを落とす

材料

重曹水（重曹：大さじ4、湯：1ℓ）

使い方

ペットのあかや油汚れがついた首輪は温かい重曹水を含ませたスポンジでこすり、汚れを落とします。最後に水拭きしたら乾かします。アンモニア臭がついているようなら、薄めのお酢水で拭いて、最後に乾いた布で拭き取ります。リードなどのお出かけグッズも同様です。

5%の温かい重曹水を含ませたスポンジ

ペットが食べても大丈夫？

重曹は自然の中にあるものなので、人間が口にしても安全な物質です。ペットが誤って食べてしまっても、体についたりしても大丈夫です。また、市販の洗剤と違ってにおいがしない点もペットに喜ばれます。嗅覚の鋭い犬も、重曹でお手入れしたキャリーバッグやゲージなら嫌がらずに入ってくれます。

ペット用マットに振りかけてそうじする

① 重曹を振りかけ15分置く
② 掃除機で吸う

材料

重曹：適量

使い方

においが気になるペット用マットをお手入れするときは、まず重曹をまんべんなく振りかけます。そのまま15分以上置いたあとに、掃除機で吸い取ります。ペットの毛やほこりなども一緒に吸い取り、においもつかず清潔に保つことができます。

ブラッシングに使うと毛並みがよくなる

材料

重曹：適量

使い方

重曹をブラシに振りかけてからブラッシングをします。重曹を使うと毛並みにつやが出て、ふんわりとします。

ペット用シャンプーに加えて毛をサラサラにする

材料

重曹：適量

使い方

ペット用のシャンプー剤やペットバスの湯などに重曹をひとつまみ加えて洗います。毛がからみにくく、つやつやになります。シャンプー嫌いなペットには重曹を振りかけてからブラッシングするだけもよいです。

ハムスターやうさぎの ゲージを消臭する

材料

重曹：適量

使い方

布袋に重曹を入れて、袋の口を結んで閉じ、におい取り袋（p37）を作ります。消臭効果が発揮できるように、ケージの中などそばに置きましょう。ただ、ペットがかじったりしないように、届かないところに置くか、吊るしておきましょう。

金魚鉢や水槽 などのそうじに使う

材料

重曹水（重曹：大さじ4、水：1ℓ）

使い方

濃度約5%の重曹水をスポンジに含ませて洗います。こびりついた汚れは重曹を直接振って、スポンジでこすり落とします。最後は水洗いや水拭きで仕上げます。水あかはお酢をペーパータオルにしみ込ませてパックし、汚れがゆるんだら重曹水で洗い、水ですすぎます。

えさ入れやおもちゃもまとめて洗える！

バケツに入らない大きな水槽や鳥かごなどを洗うときは、シンクやバスタブに入れて、濃度約5%の重曹水でつけ置き洗いをしてもよいでしょう。その際、えさ入れやペットのおもちゃなどもまとめて入れると、一度に洗えます。15分以上置いたら、取り出して水洗いをします。最後に乾いた布で拭いて乾燥させます。吐瀉物など拭いても落ちない汚れも、つけ置き洗いにするといいでしょう。

ベビー・キッズ

抵抗力の弱い赤ちゃんにも安心して使える！

抵抗力の弱い赤ちゃんや小さい子どものお肌はデリケートです。市販品の洗剤などを使うと刺激が強すぎることもあります。

　また、バイ菌から守ろうとするあまり、抗菌グッズをそろえていると、体に有効な菌までも遠ざけてしまい、かえって免疫力が低下してしまうこともあります。

　自然素材の重曹なら刺激が少なく口に入れても無害な食品の仲間なので、安心して使用できます。ベビーグッズやおもちゃなど、肌に触れるものを重曹でお手入れする方法を紹介します。

沐浴 で赤ちゃんの肌を清潔にする

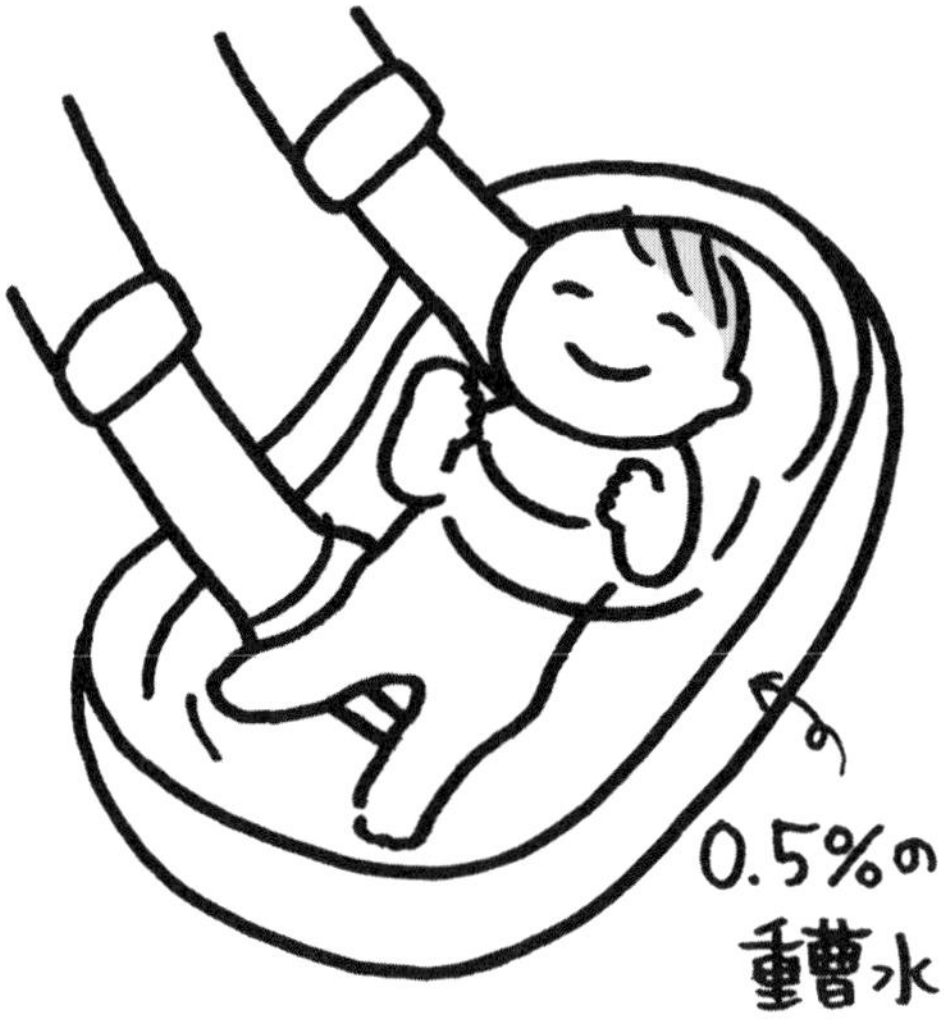

材料　重曹水（重曹：25~50g、湯：10 ℓ）

使い方　ベビーバスにお湯を張り、濃度約0.5%となるように重曹を溶かします。通常の沐浴と同じように、赤ちゃんをお湯に入れ、体を洗います。沐浴後はベビーローションなどで保湿をしましょう。

コットンに浸して
おしり拭きの代わりにする

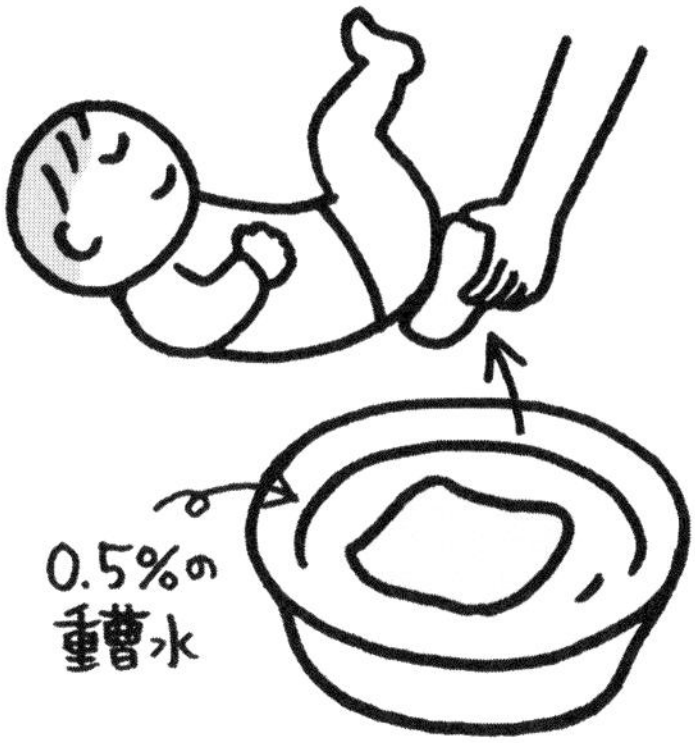

材料

重曹水（重曹：小さじ1/2、水：400mℓ）

使い方

濃度約0.5%の重曹水を作り、コットンの束に浸して軽くしぼります。取替えながら赤ちゃんのおしりを拭いていきます。シンプルで安上がりのおしり拭きになります。お出かけの際はチャックつきポリ袋で携帯すると便利です。

あせものケアや予防にもなる

材料

重曹水（重曹：小さじ1/2、水：400mℓ）

使い方

お風呂に入れないときやあせもケアには、洗面器に適温のお湯を入れて重曹を溶かします。タオルを浸して体を拭くと、肌の汚れをおだやかにきれいにします。あせもの予防にもなります。

哺乳びんの消毒にも使える

重曹はミルクの油分やタンパク質を分解する働きがあります。熱湯自体に殺菌する力がありますが、沸騰したお湯に重曹を加えることで、より簡単で安全に哺乳びんを殺菌できます。耐熱性の大きなボウルに重曹と熱湯を入れて重曹水を作ります（熱湯1ℓあたり重曹1g）。乳首などパーツを分けてつけ、冷めたらよくすすぎます。お湯を沸かす鍋は、消毒専用のものを用意しましょう。

家具に貼った シールをはがす

材料

重曹ペースト（重曹：1/2カップ、水：50mℓ）

使い方

壁や家具に貼ったシールをはがしたいときは、重曹ペーストを歯ブラシにつけ、シールの隅から接着面とシールののりの間に重曹ペーストをなじませながら、徐々にはがしていきます。

重曹
石けん

布おむつを洗濯する

材料

重曹水（重曹：小さじ1/2、水：400mℓ）
石けん（重曹の1割）

使い方

バケツに重曹を溶かし、さらに石けんを混ぜます。おむつはトイレで汚れをある程度取り、バケツにつけ込みます。1日分たまったら、洗濯をします。おしっこのにおいや黄ばみが気になるおむつは、濃度約1%のお酢水につけ込み、一晩置いてからすすぎます。肌かぶれやアレルギーを防ぎます。

紙おむつも
重曹を振りかけて
においが取れます

旅行先でのミニ洗濯の仕方

旅先で子どもが突然衣服を汚してしまい、着替えがない！　そんなときのためにミニ洗濯用のセットを旅行バッグに入れておけば安心です。下着など手洗いする場合、数滴の液体せっけんと重曹で重曹せっけん水を作り、たたき洗いします。その後重曹水ですすぎ、次にお酢水ですすげば洗濯代わりになります。また、食べこぼしのシミ汚れは、炭酸水を汚れにかけて30分～一晩つけておくとシミ抜きができます。

おまるをお手入れする

材料

重曹：1カップ
お酢水：適量

使い方

おまるの底にあらかじめ重曹を振りかけておきます。おしっこのときは湿った重曹を捨てた後に、お酢水を吹きかけトイレットペーパーで拭きます。うんちのときは、先にペーパーを敷き、重曹ごとすくって捨てるとスムースにできます。

ベビーパウダー代わりにする

材料

重曹：1/2カップ、コーンスターチ：1/2カップ

使い方

重曹を乳鉢ですって細かくし、コーンスターチと良く混ぜます。パフで取って肌にはたきます。お風呂上がりやおむつ替えのたびに使うと汗を中和するので、とても清潔です。お好みでエッセンシャルオイルを入れても良いでしょう。

大人用の制汗パウダーの作り方

市販のベビーパウダーに重曹をブレンドすると、制汗力を高めた制汗パウダーになります。材料は重曹とベビーパウダーを1対1で混ぜ合わせるだけ。重曹は汗や皮脂など酸性の分泌液を中和する作用があるので、一日中デオドラント効果が続きます。使い方はパフで取って軽く肌にはたくだけです。残ったら、広口の密閉容器で保存できますが、なるべく短期間で使い切りましょう。

生理のとき

ナプキンや下着のケアで快適に！

生理のときに肌触りが良く、洗って何度もくり返し使うことができる布ナプキンを選んでいる人も多いと思います。経血は通常の血液と異なり、空気に触れても固まらない性質を備えています。そして、アルカリ溶液に入れると、布から分離してよく抜けていきます。しかし、アルカリが強くなるとすぐに布を傷めてしまいます。

そこで最も穏やかなアルカリである重曹を使うことで、ナプキンを長持ちさせることができます。布ナプキンのケアを快適に行うことができます。

＼ 布ナプキンの快適ケア ／

1 外出先では口が閉まる袋で持ち帰る

外出先では、口の閉まるチャック付きの袋に重曹を少し振り入れます。使用済み布ナプキンも、そこに入れて持ち帰ります。

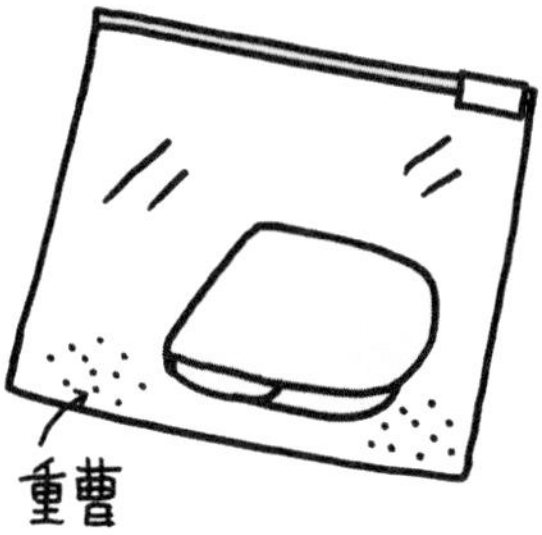

2 バケツの内側に中ザルをセットする

底が深く、ふたのできる小さなバケツを用意します。バケツの内側に中ザルをセットしておいて経血がバケツの底に抜け落ちるようにしましょう。

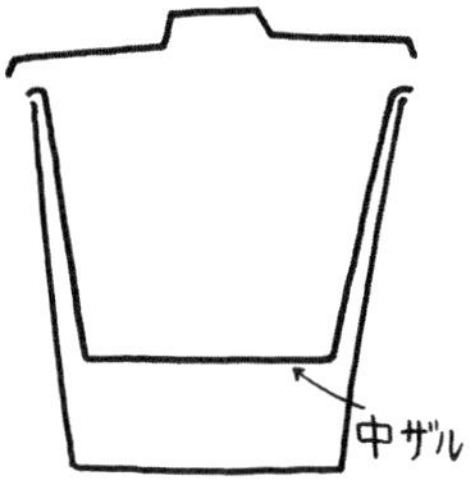

3 重曹水に布ナプキンをつける

バケツに濃度約2~3%程度の重曹水を作り、使用済み布ナプキンをつけます。約5分程で主な経血は底にたまってくるので、静かに布ナプキンを引き上げます。

4 洗濯機で脱水後に洗う

布ナプキンを洗濯機で脱水して経血を抜きます。この後に残っている部分汚れは、固まりかけの血液とおりものなど。血液は部分的に茶色く固まることがあるので、重曹ペーストを塗ってしばらく置き、石けんでもみ洗いをします。おりものなどは、普段から下着につく一般の汚れで、普通の重曹石けん洗濯（P82）で洗います。

5 洗い上がりをチェック!

洗い上がりをチェックします。汚れが取れていたらOKです。

下着についた血液はグリセリンで抜く

バケツを使わなくても、重曹とグリセリンを混ぜ合わせた、グリセリン重曹を塗ってしばらく置くことで、部分汚れを簡単にケアできます。作り方は重曹小さじ1とグリセリン小さじ1～2をゆるいペーストになるよう混ぜ合わせます。そのあとは、普通の重曹石けん洗濯で洗います。

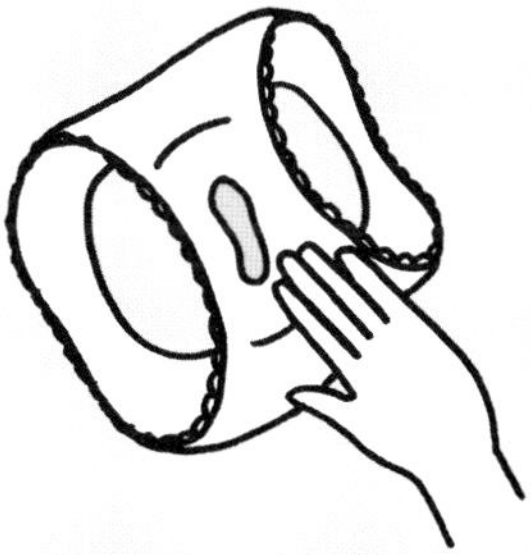

COLUMN

1

たくさん使っても自然にやさしい重曹
最初はどんどん試してみよう!

重曹は海や古代の地層など地球中にある素材です。川を伝って流れ込む陸上の汚れは、重曹によって分解され、さらに海の微生物がそれを食べて、再び新しい自然の物質の循環がはじまります。それだけでなく、私たち生き物の体の中にもあります。海と同じように、体の中の汚れや疲れ、老廃物をおだやかに受けとめ、浄化する働きをしています。

重曹があることを人間が知ったのは18世紀頃で、作り方がわかって、たくさん使われるようになったのは19世紀頃です。それから医薬用、食用、農業用、工業用など、さまざまな分野で欠かせない素材として、広く世界中で大量に製造・流通しています。食品としてスーパーでも手軽に手に入ります。

本書では重曹を使ったおそうじやお手入れの方法を紹介していますが、それぞれ適当な量があります。慣れてくると、重曹水でつけ置きにするか、拭くか、重曹ペーストにするかなど判断がしやすくなります。それがわかるまでは、多めにたくさん使っても大丈夫です。重曹は自然にある素材でたくさん使いすぎても危険ということはありません。量や濃度などにそれほど神経質にならずに、慣れるまではお試しで多めに入れてもよいでしょう。どんどん使って、慣れてくると少量でも効率的に使えるようになります。

PART 3

キッチンのおそうじに

キッチンのそうじ1

キッチンまわりの気になるにおいが取れる

家の中をそうじしても、どこからか感じる嫌なにおいは、キッチンに原因があるかもしれません。料理をしたあとに出る生ゴミのにおいや、水分が多くて雑菌が増殖したときに発生する雑菌臭、食器棚など通気性が悪く湿気がたまりやすい場所で起こるカビ臭さなど、水回り特有の気になるにおいです。

重曹の消臭作用で、それらのにおいも消臭します。重曹なら、冷蔵庫内のにおいや、食器棚のカビ臭も脱臭&吸湿できます。また、生ゴミにも重曹を振りかけるだけで、においを消してくれます。

冷蔵庫内や野菜室のにおいを取る

材料

重曹：1カップ

使い方

冷蔵庫内には手作りの重曹脱臭剤が効果的。重曹1カップを空きびんや空き箱に入れ、ふたをせずに薄い布をかぶせます。交換の目安は約3カ月。交換して使用済みの重曹は洗濯やそうじに利用しましょう。

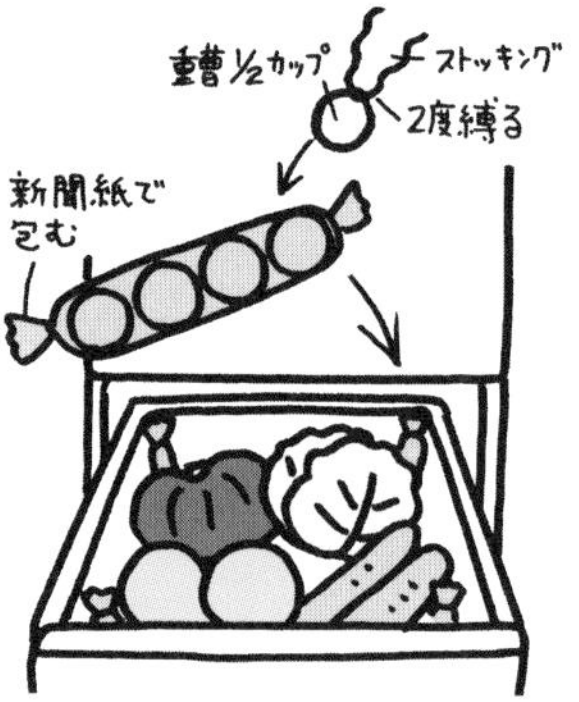

材料

重曹：8カップ

使い方

野菜室の脱臭&吸湿には重曹棒を作って入れると効果的。ストッキング先端に重曹1/2カップを入れ2度縛ります。これを4個作り、新聞紙で包み両端を絞ります。さらに4本作り、野菜室の四隅へ。約3カ月で交換を。

食器棚のにおいを取る

材料

重曹：1カップ

使い方

においがこもりやすい食器棚には重曹消臭剤を置きます。作りかたは冷蔵庫用と同じ。小分けして各棚やコーナーに置くと効果的。中の重曹は約３カ月で交換しましょう。使用済みの重曹は洗濯やそうじに利用できます。

スポンジ・小物類をスッキリ消臭

材料

重曹：大さじ4、ぬるま湯：1ℓ

使い方

濃度約5%の重曹水でキッチン小物を除菌&消臭。洗い桶に1ℓのぬるま湯を入れ、重曹大さじ4を溶かします。スポンジやふきんを一晩つけておき、翌朝よくすすいで干します。洗い桶もきれいになります。

生ゴミのにおいを消す

材料

重曹：小さじ1

使い方

においが気になる生ゴミには捨てるたびに重曹を振りかけます。これを習慣にすると生ゴミ臭が解消。生ゴミから肥料を作るコンポストの消臭にもなります。重曹はアルカリ性なので、コンポストの酸性度をコントロールすることも可能です。

キッチンのそうじ 2

水回りのぬめりを取る

シンクをピカピカに磨く

1

重曹

2

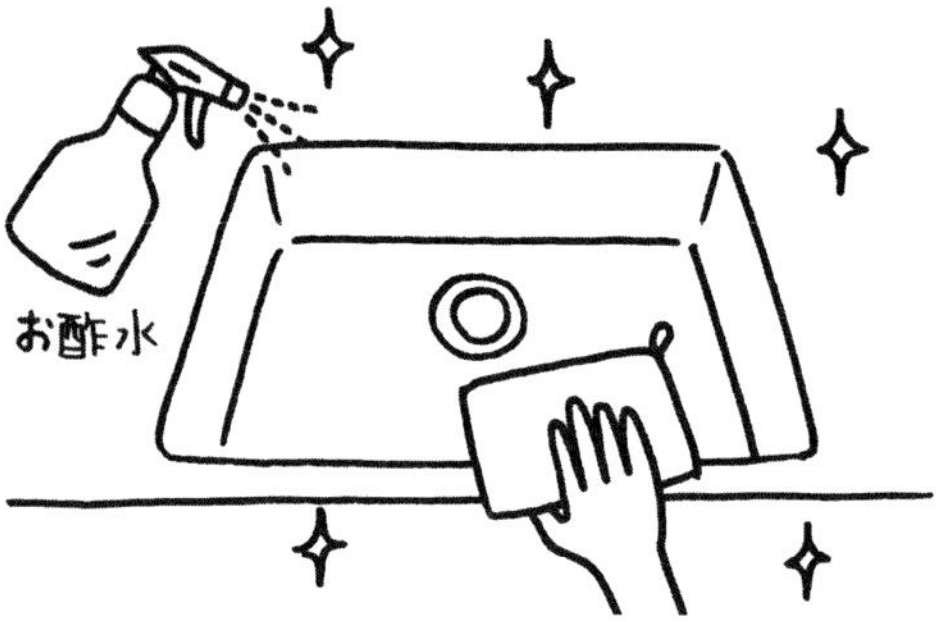
お酢水

材料

重曹：適量
お酢水（酢：50mℓ、水：100~150mℓ）

使い方

重曹をシンクに振りかけ、水を含ませたスポンジでこすります。100 ～ 150mℓの水に50mℓのお酢を入れ、スプレーして拭き取ります。ガンコな水あかには、お酢をしみ込ませたペーパーを張り、塩大さじ2にお酢小さじ1を加えたペーストをスポンジにつけて磨きます。

毎日キッチンを使っていると、排水口などの水回りにぬめりが発生し、ぬるぬるして嫌なにおいがしてしまいますよね。

ぬめりの原因は雑菌ですが、油分や洗剤、生ゴミなどをえさにして菌が増殖していきます。放置しておくとぬめりがヘドロ状になるので、日々こまめにそうじするのも大変です。

ぬめり取りにも重曹が効果的です。排水管も同時にきれいになります。環境にやさしい天然素材である重曹なので、たっぷり使っても安心ですね。

重曹は
雑菌の増殖も
抑えてくれます

排水口のぬめりを取る

①重曹
②温めたお酢
酢
③熱湯で流す

材料

重曹：1カップ、お酢：200mℓ、熱湯：適量

使い方

重曹1カップを排水口に振りかけます。耐熱容器に入れて電子レンジで2分加熱したお酢200mℓを重曹の上にかけます。発泡した状態で数分おいてから熱湯をかけて洗い流します。これを数回繰り返すと、ぬめりが取れます。

プラスティック製品のぬめりやにおいを取る

材料

重曹：適量

使い方

適量の重曹を全体に振りかけます。水を含ませたスポンジでこすり、水で洗い流します。においが残りやすいプラスチックはこれでスッキリ。重曹は粒子がやわらかいので傷もつきません。

スポンジでこすり落とす

ゴミ受けの目詰まりを取る

材料

重曹：適量

使い方

三角コーナーやシンクのごみ受けには、適量の重曹を振りかけて歯ブラシで汚れをかき出します。しっかり洗い流せば、ぬめりや悪臭、雑菌やカビ対策に効果的。重曹クリーニングを習慣にして清潔さをキープしましょう。

キッチンのそうじ 3

コンロまわりの油汚れを取る

キッチンのコンロや換気扇についたベトベトした油汚れや焦げ付き汚れは、ガンコでそうじするのが大変です。ほうっておくと故障の原因になったり、害虫が寄ってくる原因になったりします。

また、五徳の焦げ付きや魚焼きグリルについた魚の生臭さや油汚れなど、他にもコンロ周辺にはガンコな汚れがたくさんあります。

ガンコな汚れを落とすには、ぬるま湯に重曹を溶かした重曹水につけ置きしたり、重曹水を沸騰させた中に入れるなど、熱と時間をうまく使うと、取りやすいです。

ガンコな汚れは
ゴシゴシこすらず
熱と時間を
利用しましょう!

換気扇についたベトベト汚れを取る

1

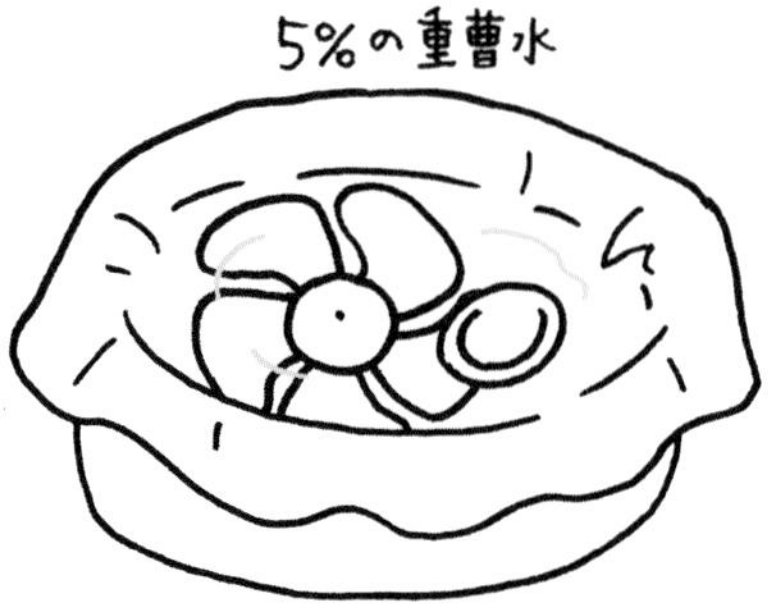
5%の重曹水

2

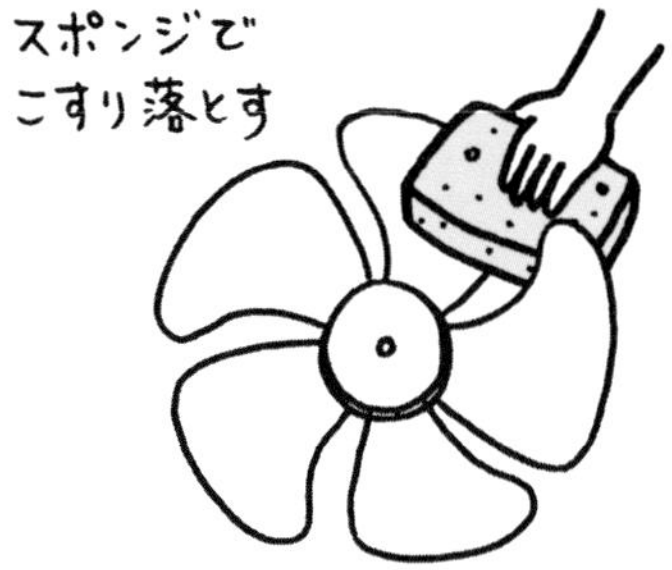
スポンジで
こすり落とす

材料　重曹水（重曹：大さじ8、ぬるま湯：2ℓ）

使い方　2ℓのぬるま湯に重曹大さじ8を溶かして重曹水を作り、ポリ袋に入れます。換気扇の羽根を袋の中に入れてつけ置きします。油が中和分解してきたらスポンジで汚れを落とし、お湯で洗い流します。

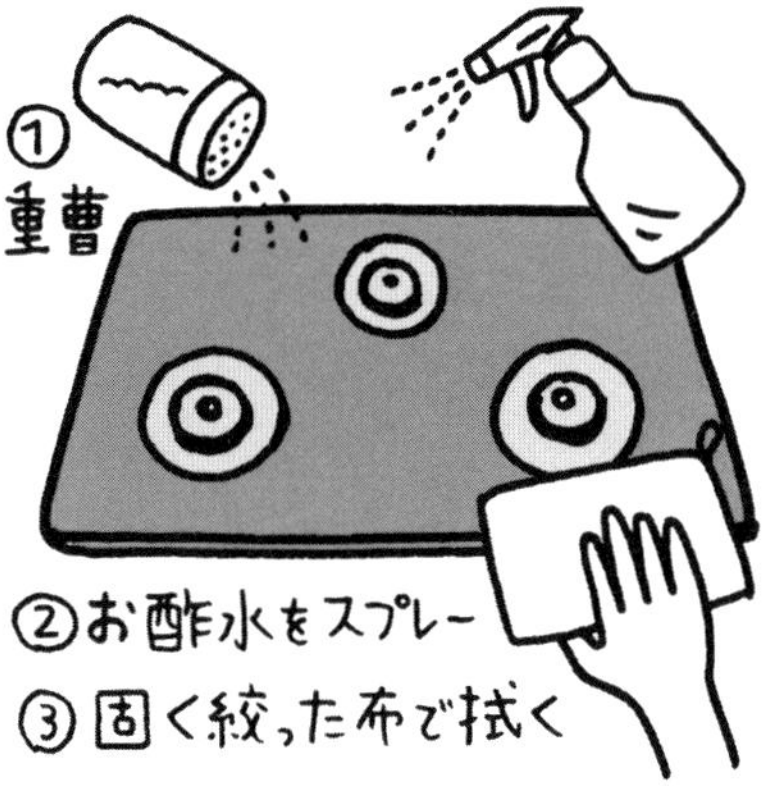
①
重曹
②お酢水をスプレー
③固く絞った布で拭く

コンロまわりの油汚れを取る

材料

重曹：適量
お酢水（酢：50mℓ、水：50~100mℓ）

使い方

油に適量の重曹を振りかけて指でなじませてからめ取り、布で拭きます。50～100mℓの水にお酢50mℓを入れたお酢水でスプレーし、かたく絞った布で拭き取ります。バーナーまわりには重曹ペーストを歯ブラシにつけてこすり、2～3倍に薄めたお酢水をスプレーします。

五徳のガンコな汚れを落とす

材料

重曹水（重曹：大さじ8、水：2ℓ）

使い方

2ℓの水に重曹大さじ8を溶かした濃度約5%の重曹水と、五徳やバーナーキャップを一緒に鍋に入れて沸かします。沸騰したらすぐに火を止めます。冷めたらスポンジでこすり、水で洗い流します。

5%の重曹水

水

魚焼きグリルの汚れを落とす

材料

重曹：適量、水：適量

使い方

魚を焼く前に、グリルの受け皿に重曹を多めに振り、水を張ります。使用後はスポンジで軽くこすり、水洗いをするだけでベタつかず生臭さもすっきり。重曹だけを敷き詰めてもOK。ベトベト汚れは重曹ペーストのラップでパックします。

キッチンのそうじ4

調理道具のお手入れをする

調理器具は日々洗っていても、くもりや汚れがついてしまうもの。また、まな板のように、雑菌の温床になりやすいです。

調理器具のくもりは油分や食べかすなどが原因のため、重曹水でつけ置きすると、ピカピカになります。温かい重曹水だと落ちやすいです。ほうっておくとなかなか落ちにくいまな板の表面の汚れは、重曹だけでなくお酢を使って消毒しましょう。また、ミキサーのように刃が危険でお手入れしにくいものも、重曹を入れれば直接触らなくてもきれいにできます。

つけ置き洗いなら
疲れずに楽に
お手入れできます!

まな板の消毒をする

酢
シュワ
シュワ
5~10分放置

材料　重曹：適量、お酢：適量、熱湯：適量

使い方　まな板の表面に重曹を振りかけ、その上にたっぷりのお酢をかけます。シュワシュワと発泡した泡がキズに入り込んで汚れを包み込みます。5 ～ 10分放置したあと熱湯で完全に洗い流します。重曹とお酢で消臭&消毒になります。

包丁にお酢でサビ落とし

サビた包丁はお酢原液をスプレーして磨きます。お酢の還元作用によりサビが落ちてキレイになります。お酢原液をスプレーすることでお酢の抗菌作用で消臭、雑菌の繁殖も抑えます。お酢は体に安全な抗菌剤として、日々いろいろな場面で使えます。

重曹ペーストを汚れの
ひどい部分に塗る
ガンコな汚れは
ラップを貼って1時間置く

なべやフライパンの焦げつきを落とす

材料

重曹ペースト（重曹：1カップ、水：100mℓ）

使い方

重曹１カップに水100mℓを加えて重曹ペーストを作ります。焦げつきや汚れがひどい部分に塗り、水を含ませたスポンジでこすります。落ちない場合には、重曹ペーストの上からラップでパックして、1時間置くといいでしょう。

調理器具のくもりや汚れを取る

材料

重曹水（重曹：大さじ4、ぬるま湯：1ℓ）

使い方

１ℓのぬるま湯に重曹大さじ4を溶かし、温かい重曹水を作ります。ステンレス製の調理器具をつけ置きし、約1時間後、スポンジで軽く磨きます。水で洗い流し、乾いた布で拭き取ります。

5%の温かい重曹水
に約1時間
つけ置き

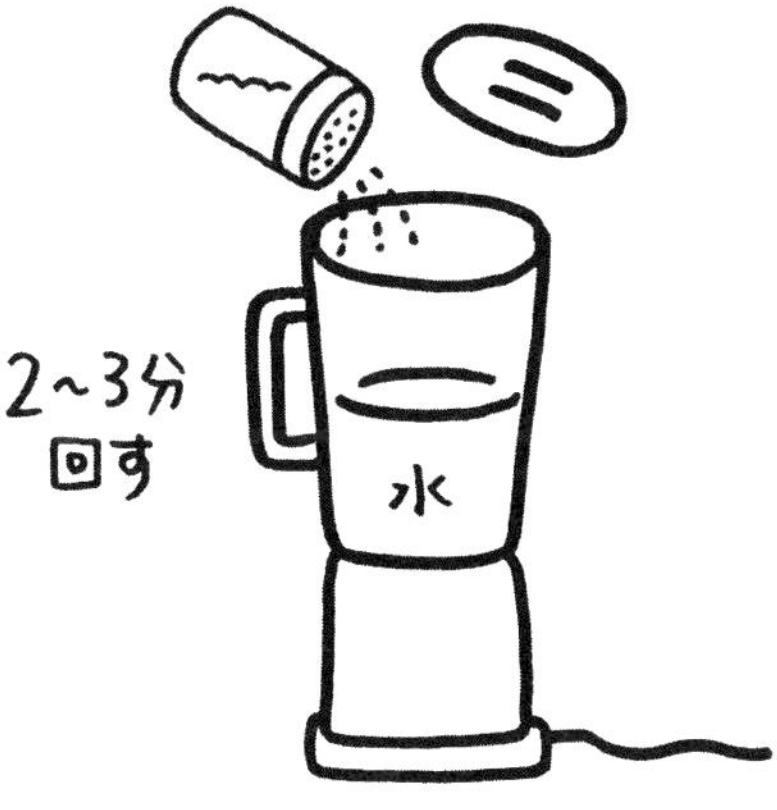
2~3分
回す
水

ミキサーの汚れを取る

材料

重曹：大さじ１、水：適量

使い方

ピッチャーに半分くらいの水と重曹大さじ１を入れてふたをします。スイッチを入れて２～３分まわします。水洗いすればピカピカになり、においも取れます。重曹水につけ置き洗いしてもOKです。

キッチンのそうじ 5

食器類のくすみやくもりを取る

食器類のくすみを取る

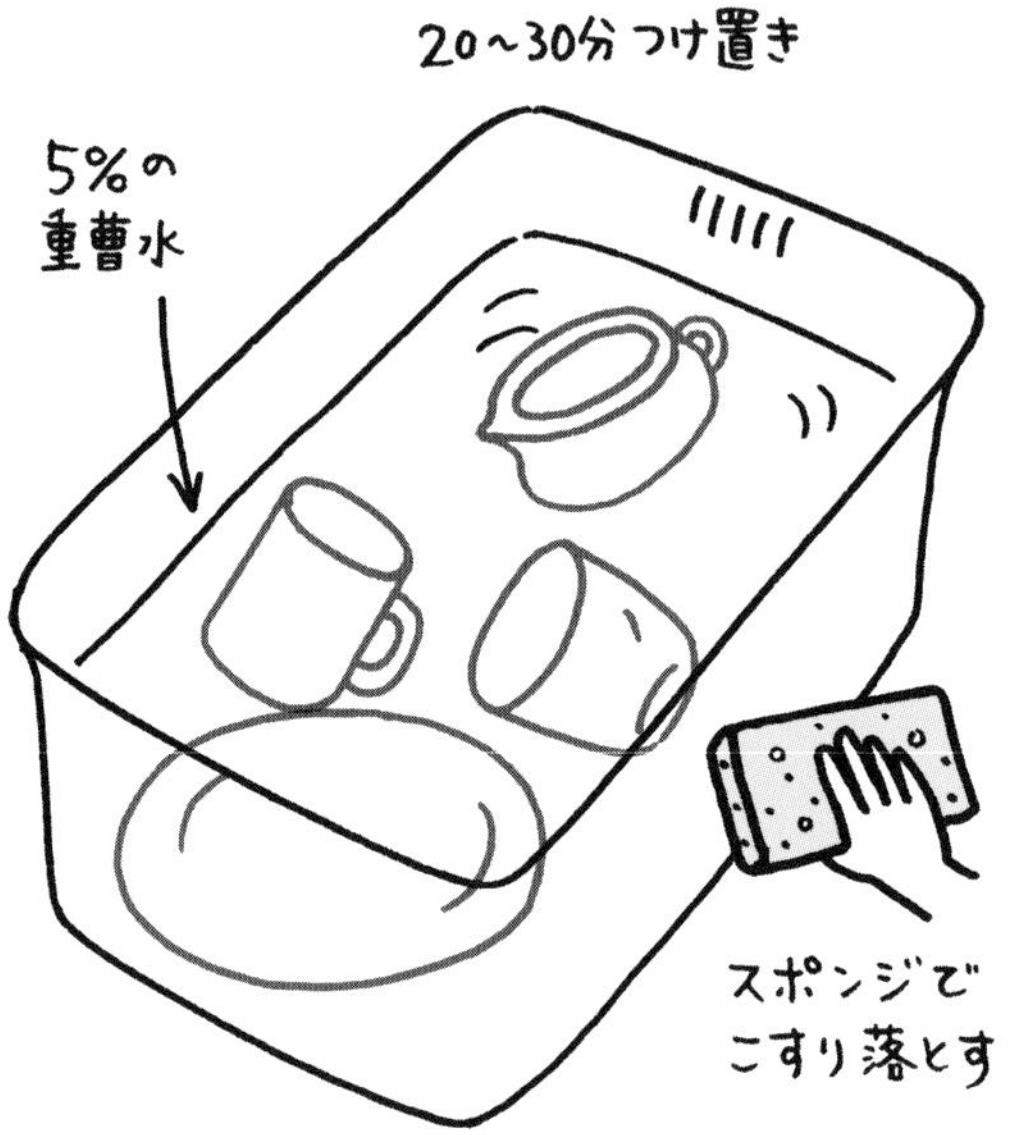

材料	重曹水（重曹：大さじ4、水：1ℓ）
使い方	洗い桶に、濃度約5％の重曹水を作ります。その中に食器を20～30分つけ置きします。汚れがゆるんだらスポンジでこすります。洗いにくいポットなどにも効果的です。

食器類のくすみやくもりは、油分や水道水などに含まれるカルシウム成分が付着した水あかが原因です。**油分の場合は重曹、水あかはお酢を使うと効果的です。**

麦茶や緑茶だけでなく、紅茶やコーヒーなどを飲んだあと、コップについている茶渋は、きちんと洗ったつもりでも、気づいたら付着していることがあります。茶渋はタンニン（カテキンやポリフェノール）が水などに含まれるミネラルなどと結びついたもので、ステインといわれています。重曹ペーストをつけて落とします。

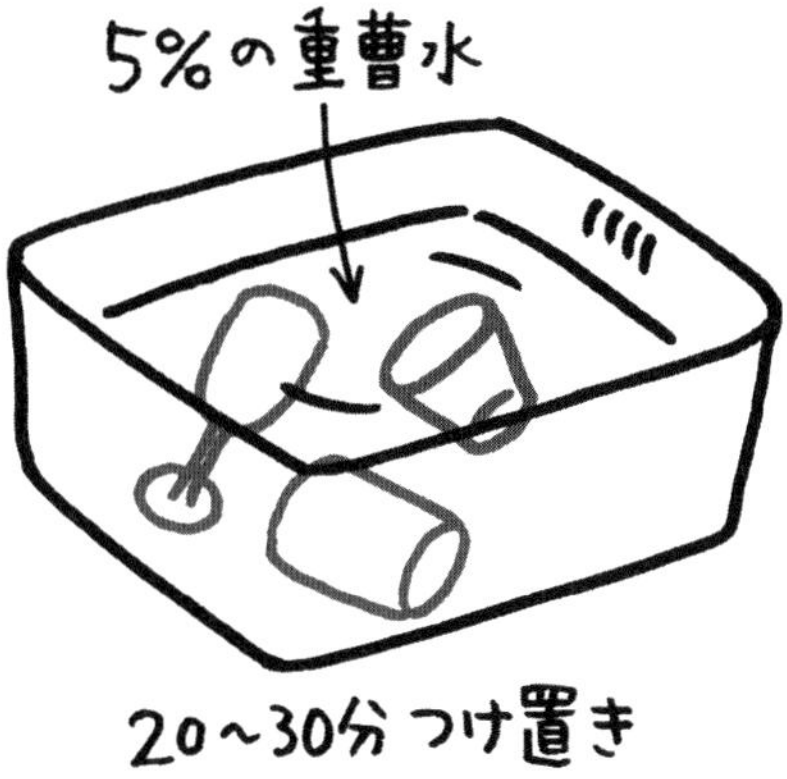

グラスのくもりを取る

材料

重曹水（重曹：大さじ4、水：1ℓ）

使い方

水1 ℓに重曹大さじ4を溶かして濃度約5％の重曹水を作り、グラスを20 ～ 30分つけ置きします。スポンジで軽くこすり洗いしてすすぐと、くもりが取れてピカピカに。汚れもつきにくくなります。

茶渋を落とす

材料

重曹ペースト（重曹：1/2カップ、水：50mℓ）

使い方

重曹1/2カップに水50mℓを加えてねり、重曹ペーストを作ります。水を含ませた布やスポンジに重曹ペーストをつけて茶渋をこすり水で洗い流します。しつこい茶渋もスルリとあっけなく落とせます。

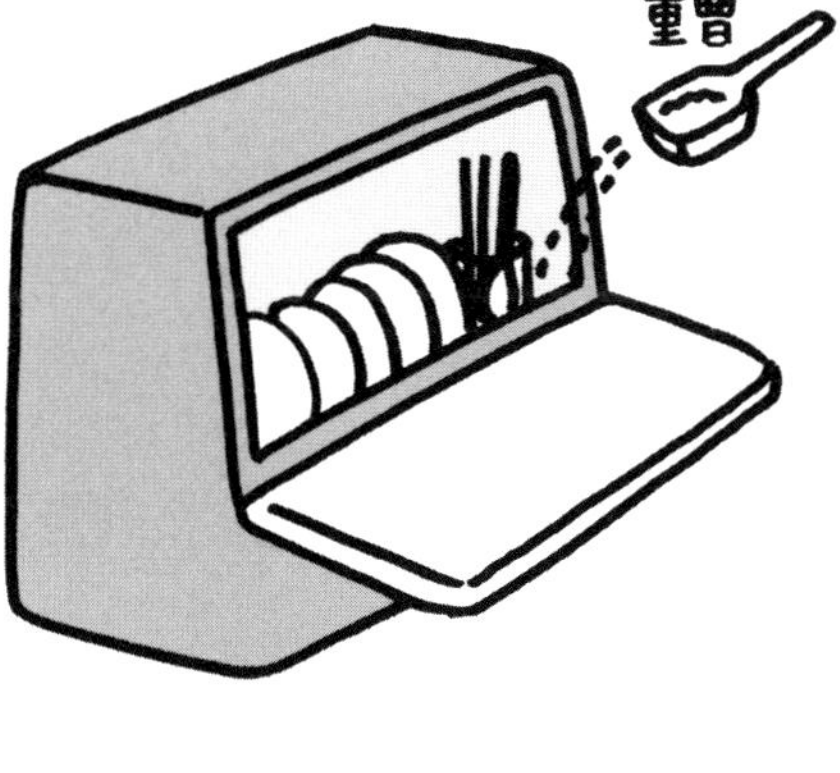

食器洗い乾燥機を洗う

専用洗剤の代わりに重曹を洗剤入れにセットします。油汚れの少ない和食の場合は十分きれいに洗えます。魚料理のあとやグラスの洗浄には、すすぎにお酢原液を投入。においもくもりも取れます。

キッチンのそうじ 6

キッチン家電のお手入れをする

冷蔵庫や炊飯器、電子レンジ、コーヒーメーカーなど、キッチン家電もついつい汚れたままにしてしまいがちです。毎日使うものでも黄ばみやホコリなどが付着してしまうものです。口に入れるものを扱うので、そうじはこまめにしましょう。**重曹なら安心してお手入れできますし、重曹を使ってきれいにするだけで、キッチンの清潔感がアップします。**普段から気づいたらサッと拭くようにしましょう。汚れと一緒にいやなにおいも取ることができます。

冷蔵庫のそうじをする

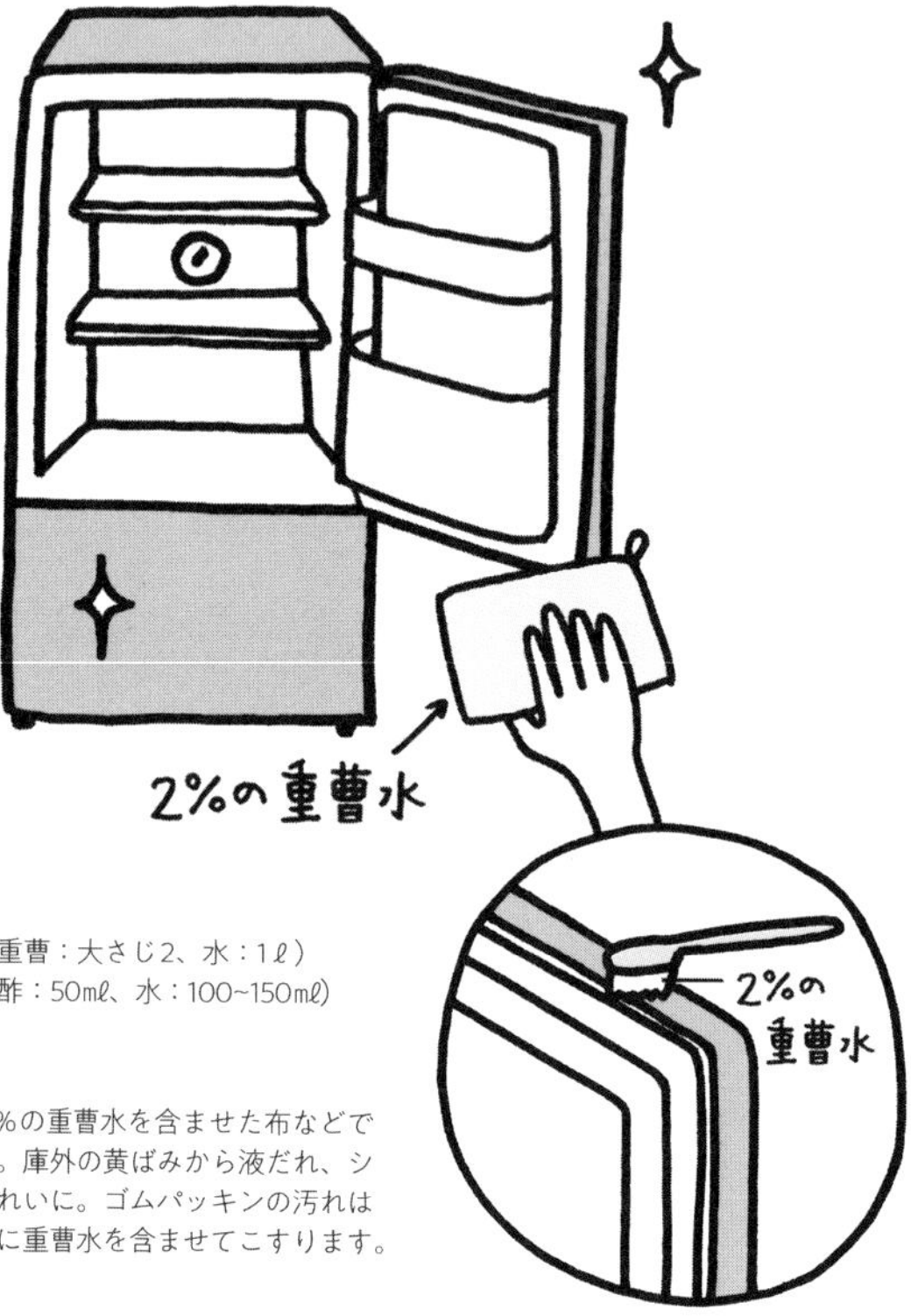

材料

重曹水（重曹：大さじ2、水：1ℓ）
お酢水（酢：50mℓ、水：100~150mℓ）

使い方

濃度約2％の重曹水を含ませた布などで磨きます。庫外の黄ばみから液だれ、シミまできれいに。ゴムパッキンの汚れは歯ブラシに重曹水を含ませてこすります。

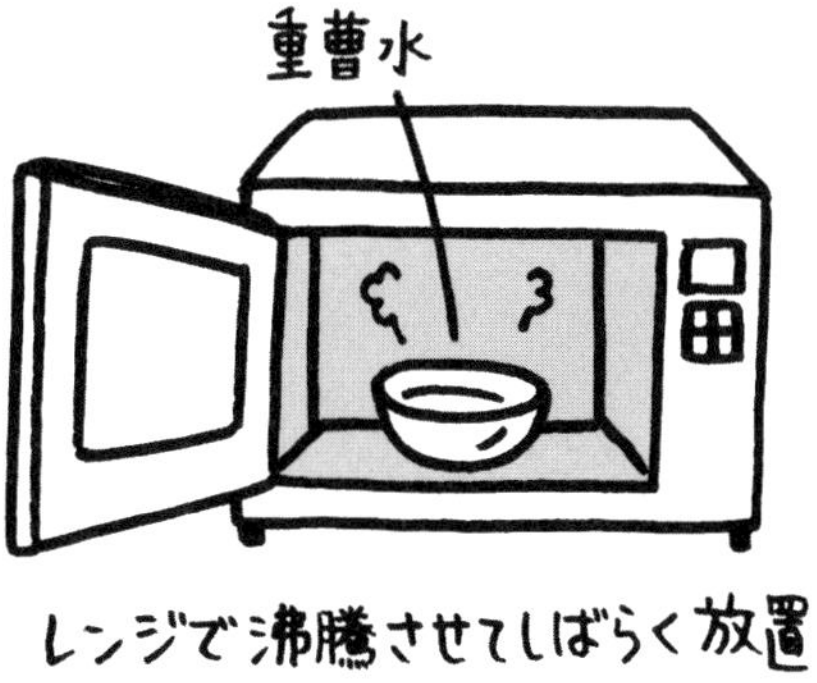
重曹水
レンジで沸騰させてしばらく放置

電子レンジの庫内をそうじする

材料

重曹水（重曹：小さじ1、水：100mℓ）

使い方

浅めの耐熱容器に水と重曹を入れてよく溶かしレンジで沸騰させます。しばらく水蒸気を庫内にこもらせた後ドアをあけ、容器の湯を布につけて庫内をそうじします。かたく絞った布で拭きましょう。

電気ポットの水あかとにおいを取る

材料

お酢水（酢：50mℓ、水：適量）

使い方

満水線の下まで水を入れ、お酢50mℓを加え沸騰させます。約2時間置き、中のお酢水を捨てスポンジで汚れを落とし数回すすぎます。水道水のカルキが固まった水あかには酸性のお酢が効果的です。

酢
沸騰させて
2時間放置

コーヒーメーカーのそうじをする

材料

重曹：適量

使い方

フィルターホルダーの内側をぬらしてまんべんなく重曹を振りかけます。20～30分置いたあと、溝の間のこびりつき汚れを歯ブラシでこすり落とし、水で洗い流します。金属・セラミックスもOKです。

キッチンのそうじ 7

料理や素材の下処理に活用する

もともと重曹はふくらし粉の原料として使われていたので料理や素材の下処理にも活用することができます。**ケーキやパンをふくらませる発泡作用でふくらし粉として使ったり、揚げ物に使うと衣がふわっとふくらみます。**また、肉や豆のタンパク質を分解し、やわらかくします。重曹の中和作用は魚のぬめりを取り、くさみもある程度抑えるので、重曹水で洗うと楽に下ごしらえできます。同様に魚をさばくとき、お酢をまな板の近くに置いておくだけで、生臭さがなくなります。

魚のくさみを取る

まな板の近くにお酢を
置くだけ

材料

お酢：適量

使い方

魚をさばくときには、お酢を小鉢やお皿に入れて、まな板の近くに置いておきます。こうするだけで、魚のにおいが中和されて生臭くなりません。

重曹水で洗う

材料

重曹水（重曹：小さじ2、水：1ℓ）

使い方

重曹の中和作用は魚のぬめりを取るのにも有効です。水１ℓに重曹小さじ２を溶かした重曹水の中で魚の表面や腹の中をていねいに洗います。キッチンペーパーでしっかり水けを拭き取ると魚のぬめりやくさみが取れます。

肉をやわらかくする

材料

重曹：適量

使い方

肉100gに重曹をひとつまみ加えます。肉に直接なじませたり、もみ込んだり、漬けだれに加えます。重曹が肉のタンパク質を分解して、やわらかくなります。洗い流さずにそのまま調理しますが、量が多いと苦くなるので注意しましょう。

野菜や果物のワックスを取る

材料

重曹：適量

使い方

野菜や果物の皮に適量の重曹を振りかけて指でこすると、簡単に表面のワックスを落とすことができます。重曹が残っているとしょっぱいので、しっかりと水で洗い流します。

ふくらし粉として使う

材料

重曹：適量

使い方

ケーキやパンの生地に重曹を混ぜて60度以上に熱せられると、炭酸ガスの発泡作用で生地がふくらみます。生地にベーキングパウダーと、その半量までの重曹を加えると、いつもよりもっとふっくら、さくさく焼き上がります。

COLUMN

2

小さなおそうじを積み重ねれば
大そうじが要らなくなる

重曹を使いこなせるようになると、いわゆる大そうじをしなくても、家をきれいに保てるようになります。わざわざそうじ道具を出したり、掃除機をかけたりしなくても、普段から重曹を使った、小さなおそうじを積み重ねることで、平均的にきれいにすることができます。

例えば、ティッシュを箱から1枚出して使っても、使わない部分がでてきたり、汚れがつかない部分があると思います。その部分が表に出るように畳んでおいて、次の汚れのために取っておきます。そして、汚れを見つけたら、取っておいたティッシュに重曹水を吹きかけて、汚れをサッと拭き取ります。

あまりケチケチしてティッシュを節約しなくてもいいですが、このようにそうじともいえない、小さなおそうじを日々積み重ねていけば、例えば1週間に一度、まとめて大きなそうじをしなくても済みます。

これは実は地球のやりかたに近いかもしれません。地球は大そうじなんかしないで、毎日毎分毎秒、私たちの出した汚れをそうじしてくれていますよね。なるべく自然のまねをして、地球を見習うようにしましょう。「自然はどうしているかな？」と考えて、自然をお手本にすることが大切です。

PART 4

バス・トイレのおそうじ、日用品のお手入れ

バス・トイレのそうじ 1

お風呂のあか・ぬめりを取る

バスタブの湯あかを取る

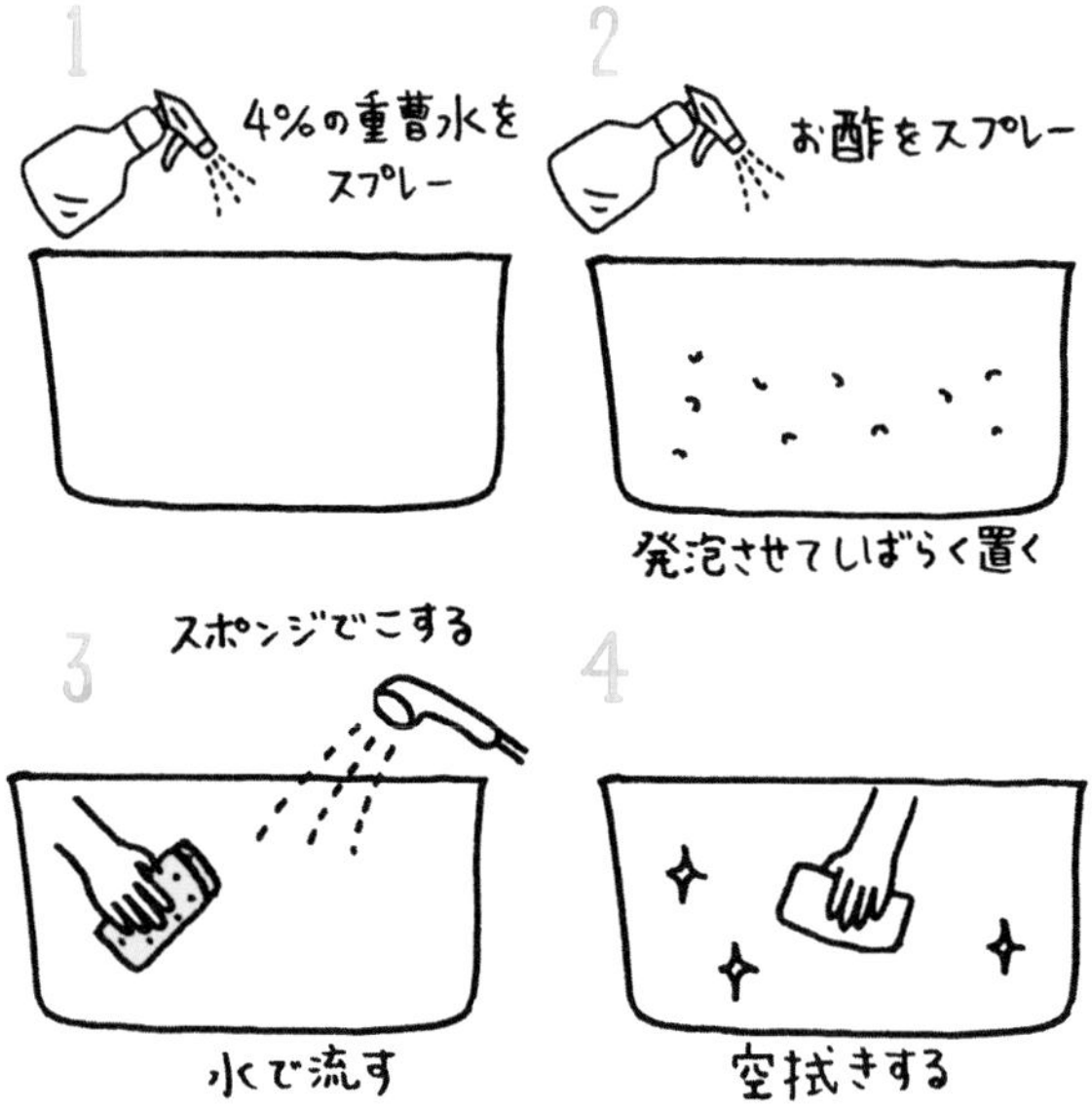

1
4%の重曹水をスプレー
2
お酢をスプレー
発泡させてしばらく置く
3
スポンジでこする
水で流す
4
空拭きする

材料	重曹水（重曹：小さじ2、水：200mℓ） 酢：適量
使い方	濃度約4%の重曹水を湯あかに直接スプレーし、その上にお酢をスプレーします。発泡した状態でしばらくおくと、泡とともに湯あかが分解。スポンジで洗って水で流したあと、から拭きすればツルツルになります。

重曹を入れるだけで簡単にできる重曹風呂（P14）に入れば、そのままお風呂そうじもできますが、こびりついた湯あかや排水口のぬめり、蛇口の水あかなどを取りたいときは、ここで紹介している方法を試してみましょう。

水あかは、水の中のミネラル成分が結晶化した小さな岩のようなもの。**結晶化した汚れは、お酢の剥離・浸透・溶解作用で、ゆるませてきれいに磨き落とします。**お風呂場も、水あかが発生しやすいので、特に有効です。

湯あかは
重曹・石けん
水あかは
お酢で落とす!

排水口のぬめりを取る

材料

重曹：2カップ、酢：200mℓ

使い方

まず髪の毛を取り除き、ふたやゴミ受けを外します。排水口に重曹を振りかけ、上から少量の水を注ぎ、全体にいきわたらせます。電子レンジで2分ほど加熱したお酢原液を上からかけます。発泡した状態で約30分～1時間置いておきます。お湯をかけて洗い流します。

蛇口の水あかを取る

材料

重曹：適量、酢：適量

使い方

キッチンペーパーにお酢原液をしみ込ませ、蛇口の周囲に巻きつけて2～3時間置きます。水を含ませたスポンジに重曹を振りかけ、蛇口のペーパーを外してこすります。仕上げにから拭きするとピカピカになります。

水を切って水あかを防止しよう

入浴後、浴室がすっかり乾いた後では水あかをそうじするのは大変。水あかができる前に予防することも大切です。まずお風呂上がりに壁面や床、鏡などについた水分を、水切りワイパーを使ってよく切ります。また、浴室全体に水分を残さないように、入浴後に窓を開けておくなど、換気も大事です。その後、お酢水をスプレーで吹きつけます。そうじをするよりも手間が少なく合理的です。

バス・トイレのそうじ 2

トイレのそうじ・手入れをする

トイレ後のひと手間で
効率アップ!

使用後のプチ掃除で手間いらず!

トイレの使用後にサッと便器や床をひと拭きして、ちょっとした汚れを取るようにするだけで、トイレは常に清潔に保てます。おおげさなトイレそうじは必要ありません。

トイレにも重曹やお酢を常備しておき、トイレを使用した後、ついでにサッとひと拭きするだけで、そうじの時間をぐっと短くすることができます。

最も簡単なのは、丸めたトイレットペーパーにお酢水を吹きかけてうすくまんべんなく湿らせて便器やトイレの床を拭くだけ。すぐにトイレそうじが終わります。しかも、トイレットペーパーは使った後に流すだけでいいので、片付けも楽です。トイレ臭の消臭作用もあるので、清潔に保ったまま、次の人に使ってもらえます。

市販のそうじ用シート
も不要になります!

便器の輪ジミや汚れを取る

材料

重曹：適量、酢：適量

使い方

たっぷりの重曹を便器の輪ジミに直接振りかけます。その上にお酢原液をスプレーすると、シュワシュワと泡立ち汚れが浮き上がってきます。そのまま約5分待ったら、ブラシでこすって落とします。

便器や床の汚れを取る

材料

お酢水(酢：小さじ1、水：400mℓ)

使い方

便器や便器周辺に飛び散った尿による汚れは、お酢水をスプレーします。汚れもにおいも同時に解消します。

トイレの嫌なにおいを取る

材料

重曹：１/２カップ

使い方

重曹を空箱や空瓶に入れ、トイレタンク上部や便器後方の床上に置きます。真っ白な重曹は清潔感のある消臭剤に。中の重曹は３ヶ月で交換を。使用済みの重曹は、トイレの床や便器のそうじに利用しましょう。

クリーニング1

重曹で毎日のお洗濯をする

＼ ドラム式洗濯機の場合 ／

材料

衣類2kgの洗濯物に対して
重曹：大さじ1～2、
酢：大さじ1
液体石けん：大さじ1/2～1
（重曹の約5割）

使い方

重曹を洗剤ポケットに、お酢を柔軟剤ポケットにそれぞれ投入します。洗濯物を入れてスタート。重曹が水に溶けた頃に一時停止。液体石けんを加えて再びスタート。

洗剤ポケット
柔軟剤ポケット
重曹
お酢

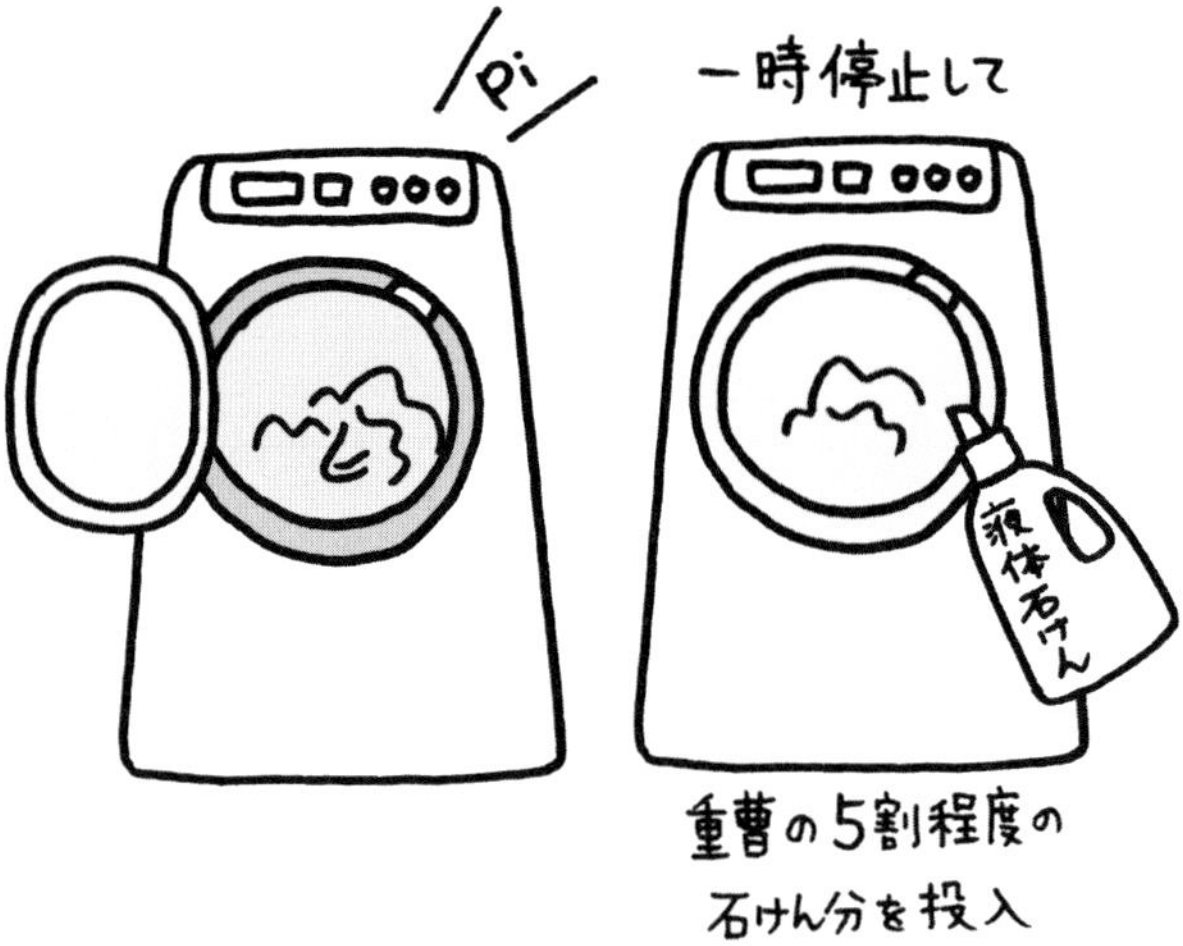
Pi
一時停止して
液体石けん
重曹の5割程度の
石けん分を投入

重曹は洗濯の水をやわらかくして石けんの働きをよくします。また、**石けん（合成化学物質を添加していない、天然油脂で作ったもの）は、水にも油にもなじむ自然の界面活性作用があります。**油汚れの固まりなどを大きく包み込んで溶かし、水の中に細かくなじませ（乳化）、洗い流します。

さらに、石けんは重曹と同じようにお酢ですすぐことができ、わずかに残った石けん分が布や肌を保護する油状物質に変わります。お酢でリンスすることでお肌のうるおいを守りケアしてくれます。

重曹で汚れを落とし
お酢が柔軟剤
代わりに!

渦巻き式洗濯機の場合

水30ℓに対して
重曹6g

1 衣類2kgの場合、水の量を30ℓに設定して重曹をよく溶かします。普段よりも水量を多めに設定するのがコツです。

重曹の5割程度の
石けん分
液体石けん

2 重曹の5割程の液体石けん（20mℓ）または粉石けん（6g）をしっかり溶かします。それから衣類を投入します。

5分〜1晩
つけ置き

3 しっかりかくはんした後、5分以上、できれば一晩つけ置きします。洗濯水は白くにごる程度で、泡は立ちません。

2回目のすすぎで
お酢を加える
酢

4 2回目のすすぎの水にお酢を30mℓ加えます。こうしてリンスすると、衣類にやわらかさが戻ります。

クリーニング 2

衣類の汚れ・シミ取りをする

衣類の部分汚れとシミ汚れは、洗濯だけではなかなか落ちません。それぞれ対処方法が異なります。部分汚れは特に汚れが集中しているところをいいます。**洗濯の前に重曹やお酢でケアし、その後に普段どおりに洗濯をします。**

シミは洗濯しても落ちない色素のことをいいます。特にこぼしてすぐの果汁やワインのシミ落としはスピード勝負。素早く対応することで、汚れ落ちに歴然と差が出ます。それでも落ちないシミがあれば、洗濯の後に酸素系漂白剤やオキシドールでケアをしましょう。

部分汚れは洗濯前、
シミは洗濯後にケア!

えりやそでの汚れを落とす

重曹ペースト

材料

重曹ペースト
(重曹：1/2カップ、水、50mℓ)、
酢：適量

使い方

重曹ペーストを汚れに直接塗りこみます。しばらく時間をおきます。十分になじませてからお酢をたらすと発泡作用で汚れが浮きあがります。それから普段どおりに洗濯します。

酢
シュワ
シュワ
なじんだら
お酢をたらす

重曹ペースト
手でよくもみ込む

衣類のシミを取る

材料

重曹ペースト（重曹：1/2カップ、水：50mℓ）

使い方

シミに重曹ペーストをつけて指先でよくもみ込みます。それからいつもどおりに洗濯します。シミをつけたら早めに重曹でケアすれば、中和作用で汚れが落ちやすくなります。まず目立たないところで色落ちしないか確認をしましょう。

ワインなどのシミを取る

材料

重曹：適量、熱湯：適量

使い方

たっぷりの重曹をシミの上にのせて汚れを吸収させます。重曹に反応したシミの色が薄くなってきたら、ボウルの上に衣類を広げてシミの部分をぴんと張ります。熱湯をシミの外側から内側に向かってゆっくりとかけると、みるみる消え去ります。

重曹をたっぷりのせる

シミの外側から熱湯をかける

熱湯が汚れを落ちやすくします!

介護の場面

入浴介助や洗濯物の処理などが楽になる

＼ 清拭や入浴介助をする ／

材料｜重曹水（重曹：小さじ1、お湯：400mℓ）

使い方｜室温を20 ～ 24度に保ちます。露出部分を少なくするようにバスタオルなどを体にかけます。体の中心に向かって、顔→腕、胸、おなか→足→背中→陰部の順に、拭き進めます。

高齢化により老老介護や在宅での介護が増えていますが、重曹を上手に使えば介護の負担も楽になります。例えば、親しい人でも汚物のついた衣類や寝具の処理は大変です。**重曹の力を借りて、できるだけ触らずにきれいにする洗い方を知っておきましょう。**

また、寝たきりで入浴やシャワー浴が難しい場合は、『清拭（せいしき）』で体を清潔に保ちますが、その際に重曹を加えるとより効果的です。清拭をすることで血行をよくして、床ずれや細菌感染の予防にもつながります。

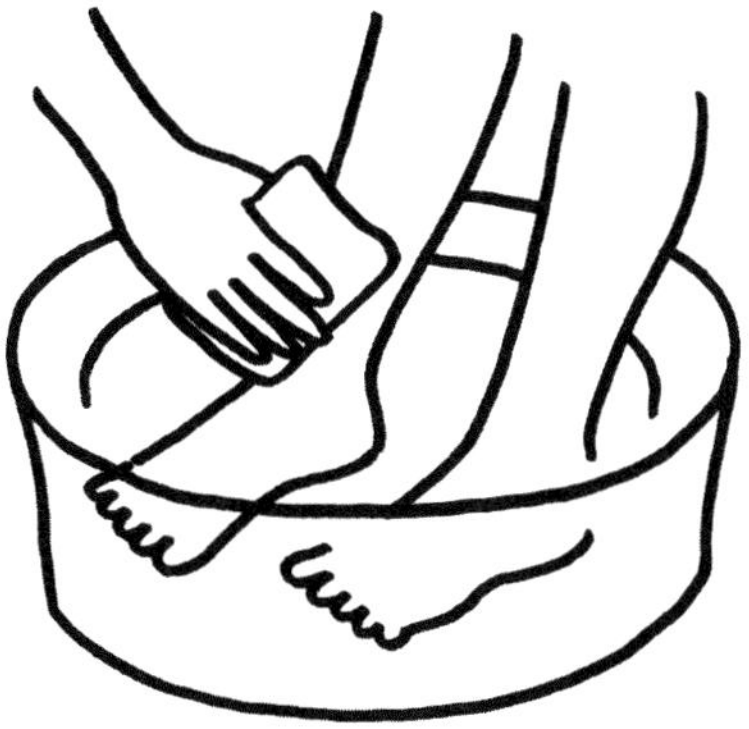

足浴をする

材料

重曹水（重曹：小さじ1、お湯：400㎖）

使い方

ベッドや椅子に座ってもらい、足元にビニールシートを敷き、お湯を張ったバケツや大きめのたらいを置きます。足を3～5分お湯につけて温め、汚れをふやかして落とします。お湯の温度が下がったら、用意した熱湯を少しずつ注ぎ足します。石けんをつけたタオルで、足の指を一本ずつ洗い、お湯を替えてすすぎます。

汚物の処理をする

材料

重曹：1/2～1カップ

使い方

黒のポリ袋を二重にして、中に重曹1/2～1カップを振り入れます。洗濯物を入れ、上からも重曹を振ります。洗濯物がつかる量のぬるま湯を注ぎ、袋の口を閉じます。風呂の残り湯などに浮かべてしばらく保温したのち、中の汚水をトイレなどに捨てます。袋をもんで排水します。これを繰り返した後、袋の中から洗濯機に移して軽く脱水します。注水して重曹を入れ、そこに石けんを加えて洗濯（P82）します。

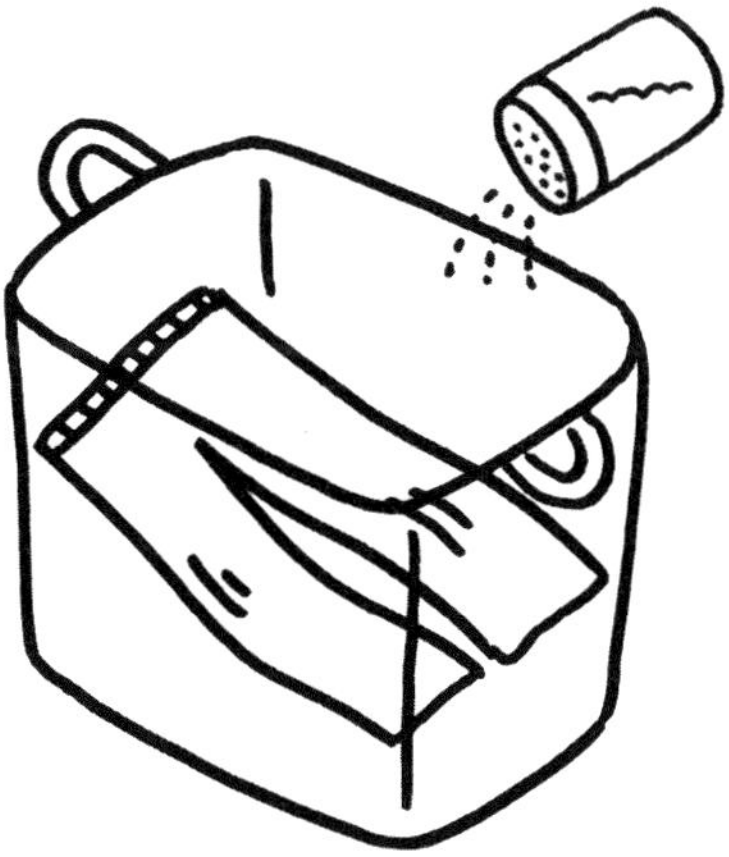

洗濯物の処理をする

材料

重曹：適量

使い方

洗濯物が出たらそのたびにたっぷりの重曹を振りかけておきます。汚れた衣類と重曹が洗濯かごの中でサンドイッチのように重なります。これだけで衣類のにおいと湿気を重曹が吸い取り、汚れの分解がスタートします。洗うときはそのまま洗濯機へ入れましょう。

スキンケア

バスソルトやスクラブで顔や体を洗う

重曹は入れるだけでお肌がツルツルになる入浴剤代わりになります（P14）が、他にもバスソルトやバスボムなど、バスタイムを楽しくするアイテムを、人工の着色料や香料が入っていない自然な素材で作ることができます。

　エッセンシャルオイルで香りをプラスすると、さらに癒やし効果が高まります。寝る前にはリラックス作用の高いラベンダーやカモミールがおすすめです。

　また、重曹にはスクラブ効果があり、洗顔にも最適です。顔だけでなく、全身に使えます。

重曹バスソルトの作り方

材料　重曹：大さじ1、天然塩：大さじ1
エッセンシャルオイル：1滴

使い方　重曹と天然塩を1対1の割合で合わせ、エッセンシャルオイルを垂らします。お湯を入れた洗面器などでよく溶かします。ぬるめのお湯を張ったバスタブに加えてよく混ぜます。

使用前にはパッチテストを！

スキンケアは肌に直接触れるので、必ずパッチテストをしてから使うようにします。少量の重曹を同量の水で溶いて二の腕の内側に塗ります。そのまま1日おいて変化がなければOK。赤みやかゆみが出たらすぐに水で洗い流して使用を中止してください。

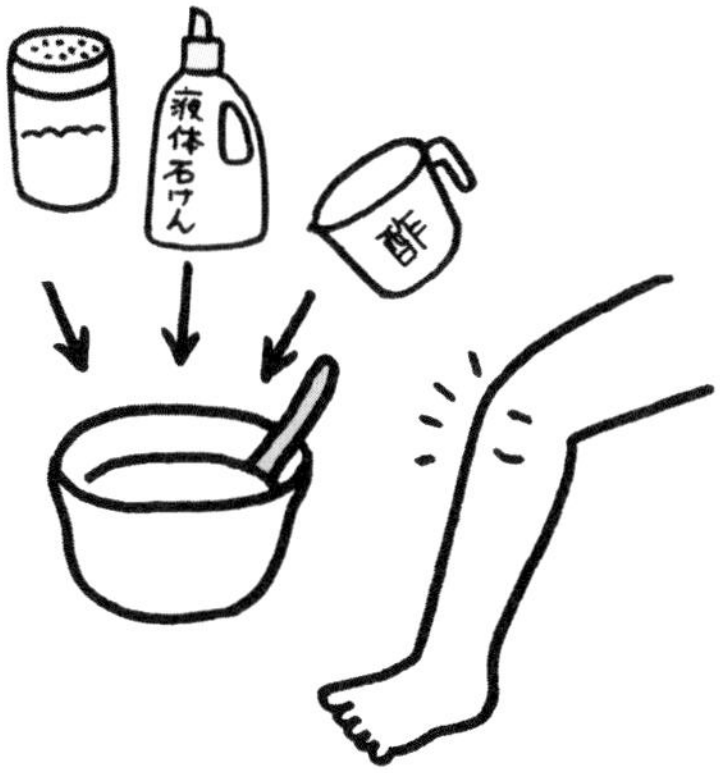

重曹スクラブの作り方

材料

重曹：1/2カップ、
液体石けん：25mℓ、酢：大さじ1

使い方

重曹に液体石けんを加えて混ぜ合わせます。さらにお酢を加えて混ぜると、重曹とお酢が反応して泡立ちクリーム状になります。気になる部分につけて軽くマッサージし、ぬるま湯で洗い流します。その後、収れん化粧水などで毛穴を引き締めます。

重曹洗顔の作り方

材料

重曹：適量、石けん：適量

使い方

泡立てネットなどを使って、手のひらの上に、洗顔１回分の石けんの泡を作ります。重曹を一振りして、ていねいに泡立てると、しっかりツノの立つクリーミーなスクラブフォームのできあがり。

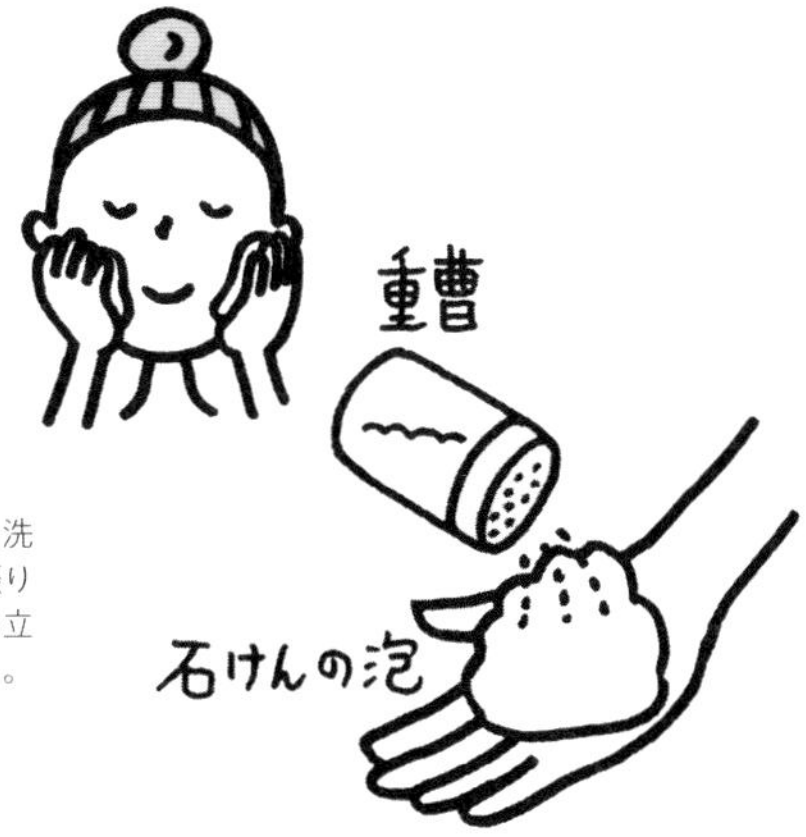

重曹バスボムの作り方

材料

重曹：1カップ、クエン酸：1/2カップ、天然塩：1/2カップ、エッセンシャルオイル：5滴、エタノール：少々

使い方

重曹、クエン酸、塩、エッセンシャルオイルを混ぜ合わせます。エタノールをスプレーして、かすかに濁ったら4等分します。型に入れ、一日おいて乾燥させると手作り発泡性入浴剤の完成。一回で１～２個使用します。

くつの手入れ

くつの汚れやにおいを取る

スニーカーの汚れを落とす

5%の重曹水
一晩つける

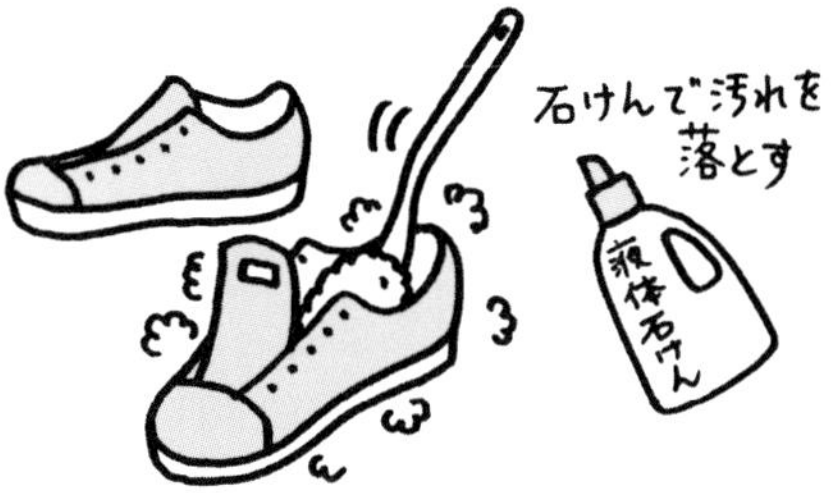
石けんで汚れを落とす
液体石けん

材料　重曹水（重曹：大さじ4、水：1 ℓ）、液体石けん：適量

使い方　濃度約5%の重曹水に一晩つけておきます。翌日、スニーカー用ブラシに液体石けんをつけてこすり洗いしたあと、よくすすぎます。重曹の洗浄力で驚くほどきれいになり、においもスッキリ。

つけ置きでにおいもスッキリ!

落ちにくいスニーカーの泥汚れも重曹があれば、汚れだけでなく、においも落としてスッキリきれいになります。

においが気になる場合は、靴の中に重曹をつめて作ったシューキーパーを入れておきましょう。消臭・吸湿作用で、靴の中の蒸れや臭いがなくなります。さらに、足に直接重曹をはたくと、足のデオドランドにもなります。

革靴を磨くときも、その前に重曹ペーストを布につけて表面を磨くと、革がなめらかになり、色も鮮やかになります。

革を傷めずに 靴を磨く

材料

重曹ペースト（重曹：１カップ、水：100mℓ）、布

使い方

重曹ペーストをつけた布で靴を磨きます。水けをかたく絞った布で拭き取り、その後に靴墨を使って磨きあげます。こまかな粒子の重曹が革を傷つけずに、細部に入り込んだゴミやホコリを落とすので、なめらかで色鮮やかに仕上がります。

脱臭 に活用

材料

重曹：適量

使い方

ストッキングの中に重曹を入れてシューキーパーを作ります。靴の中に入れておくと、重曹の消臭・吸湿作用で、靴の中の蒸れとにおいをスッキリと解消します。靴下を２枚重ねて作ってもOK。中の重曹は３ヶ月で交換をしましょう。

足のデオドランドにも使える

重曹をパフにつけます。靴をはく前に、靴の中や素足に直接、ポンポンとはたきます。この方法であれば重曹をつけ過ぎる心配もありません。パフは、目の粗い布で代用も可能。少量のベビーパウダーなどを混ぜれば、消臭に加えてほのかな香りも楽しめます。一日中はいた靴を翌日もはく場合には、前日のうちに、重曹を直接たっぷりと振っておきましょう。翌朝、重曹をはたいてから靴をはけば、防臭効果はバッチリ。長時間さわやかさをキープします。

その他

生活用品の手入れをする

革のバッグのカビを取る

目立つところだけを固く絞った
布に重曹をつけてこする
お酢水をスプレーして
水拭き

材料	重曹：適量 お酢水（酢：50mℓ、水：100 ～ 150mℓ）
使い方	水けをかたく絞った布に少量の重曹をつけて、カビをこすり落とします。お酢水をスプレーした布で水拭きして、そのまま自然乾燥します。皮脂のべたべた汚れもスッキリしましょう。

生活用品の中でも革製品は毎日使うので汚れがつきやすく、そうじがしにくいです。**カビや汚れを取るときは、なるべく汚れた部分にピンポイントで重曹をつけるようにしましょう。**また、色落ちしないか、目立たない部分で試して確認しておきましょう。

新しい衣類やリネンの薬品加工が心配なときも、重曹水とお酢を使うと安心です。ただ、こちらも重曹やお酢で色落ちするものもありますので、まずは目立たないところで色落ちの有無を確かめましょう。

身の回りの
日用品も
重曹でケア!

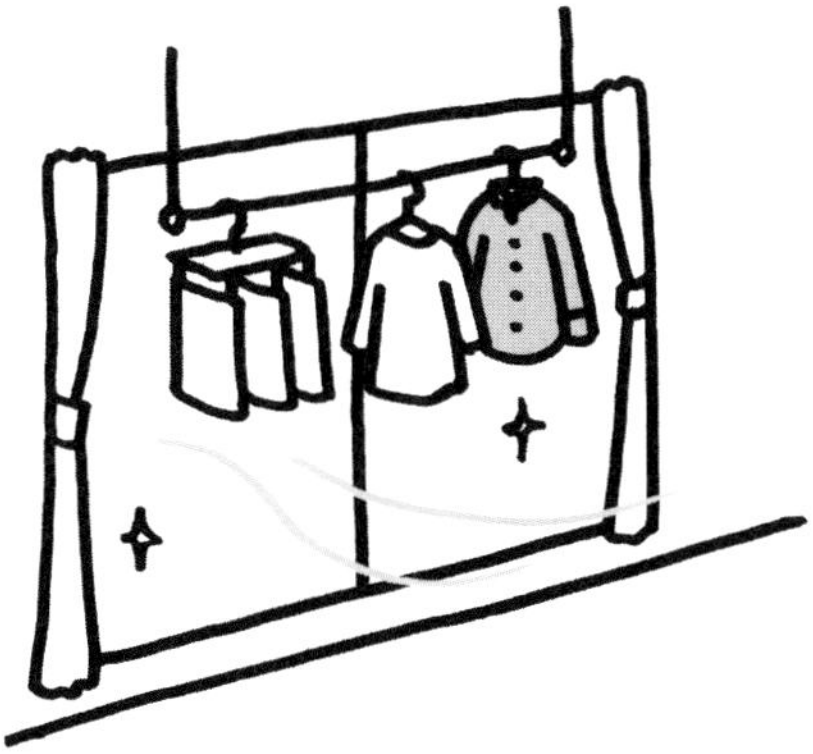

部屋干しの嫌なにおいを取る

材料

重曹：適量

使い方

洗濯の際、すすぎの最後に重曹を洗濯槽に投入します。雑菌が原因とされる部屋干し特有のにおいに重曹が消臭効果を発揮。部屋干ししても清潔さをキープしてにおいにくくなります。

めがねやサングラスの汚れを取る

材料

重曹水（重曹：大さじ2、水：1 ℓ）

使い方

濃度約2％の薄めの重曹水を作り、めがね全体がつかるボウルなどに張ります。レンズ面を上向きにして、めがねやサングラスをつけ置きします。しばらくしたら、手あかや脂汚れを指で軽くこすって洗い流します。やわらかい布で水分を拭き取り乾かします。ボウルはファスナーつき保存袋でもOK。レンズもフレームもスッキリとクリアに。

新品をおろす前につけ置き洗いをしよう

お店で購入した商品は、製造過程でさまざまな化学物質が使われたり、多くの人の手が触れています。特に衣類やリネンなど、素肌に直接触れるデリケートなものは、使い始める前に重曹水とお酢で洗ったり、つけ置きすれば安心です。洗面器やバケツに新しい衣類やリネンを入れて、濃度約5％の重曹水（重曹：大さじ8、水：2ℓ）を入れて約2時間つけ込みます。すすいだのちにお酢水（酢：1～2.5カップ、水：2ℓ）につけこみ、よくすすぎます。そのあとで通常どおり洗濯します。

COLUMN

3

そうじ力をパワーアップさせる組み合わせ例

重曹やお酢はそれぞれ単体で使うだけでなく、他の素材と組み合わせることで、その効果をさらに高めることができます。どれも身近にあり、天然素材なので、手軽に使うことができます。

① 重曹＋熱湯

熱湯はかけるだけで殺菌、消毒ができます。60度以上の熱い湯をかけたり、重曹水を沸騰させたりすると、汚れ落とし効果がアップします。熱湯は油汚れなどを浮かせる働きもあるので、シミ抜きにも効果的です。ただし、アルカリ性が強くなるので、手で触れるのは厳禁。必ずゴム手袋で保護しましょう。

② お酢＋熱

尿石などの結晶性の汚れは、温度が高い方がゆるみやすいので、お酢を加熱して使う方法がおすすめ。また、重曹でこすった後に加熱したお酢を加え、発泡させて汚れを浮かせた後に、さらに熱湯で洗い流すと、洗浄効果、抗菌効果が上がります。

③ 重曹＋石けん

天然の界面活性作用がある石けんは、重曹と一緒に使うと、洗浄力がぐんとアップします。重曹水を作ってから、石けんを溶かすと、重曹の作用で石けんカスが出にくく、石けんの力が出やすくなります。合成洗剤ではなく、成分表示に「純石けん」「石けん素地」「脂肪酸ナトリウム」などと書かれているものを選びましょう。また、石けんと重曹は湯に溶かすと化学反応の速度が上がります。ガンコな汚れでも、固まってしまった汚れを熱がやわらげ、落ちやすくします。

④ お酢＋塩

お酢にはない研磨作用をプラスすることで、そうじ力がアップする組み合わせです。お酢の溶解作用で汚れをゆるませ、塩の研磨作用でこすり落とします。お酢と塩を混ぜて作ったペーストは、こびりついたガンコな水あかやサビなどを簡単に落とせます。ただし、手に傷があるときはしみるので、手袋を用意しましょう。

PART 5

アウトドア・災害時に

アウトドア・災害時のケア

水があまり使えないときの優先順位

ソロキャンプやグランピングなど、近年アウトドアがブームですが、キャンプ場によっては水場が遠く、何度も往復するのが大変です。また、日本は自然災害の多い国です。地震や洪水などの災害時は、水の確保は生命維持や衛生管理に必須です。水がたくさん使えないときに、無駄なく使う方法を紹介します。**まず、水の使用に優先順位をつけましょう。最優先は飲料用や炊飯用。次に体のケア用。それから洗濯やそうじ用です。**トイレは最後で、他で使った水を再利用しましょう。

＼ 水を確保すべき優先順位 ／

1 **飲料・炊飯** 用

2 **手・顔・全身** 用

3 **洗濯・そうじ** 用

↓

最後に**トイレ**に使用する

＼ あると便利なもの ／

ポリ袋

簡易トイレに使用したり、生ゴミを捨てるのに使用します。

新聞紙

水が使えないときに、くしゃくしゃにして簡易トイレに使用します。

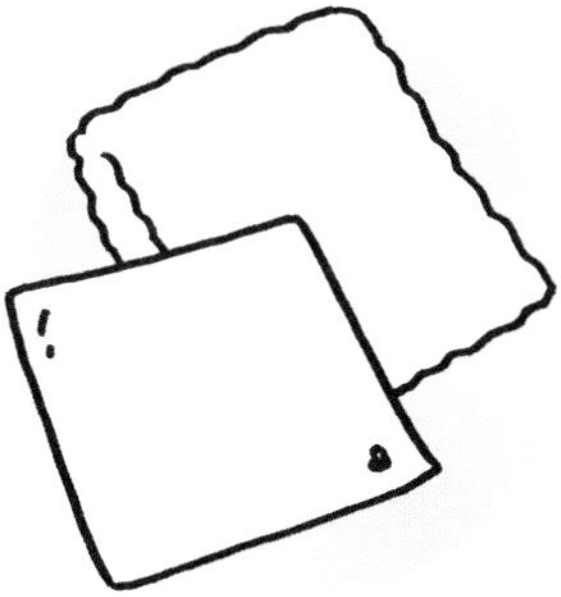

タオル

重曹水やお酢水を浸して髪や体を拭くのに使います。

ラップ

お皿に敷いて使えば、ラップを交換するだけで、お皿を洗わずに済みます。

用途別に
水を分けておこう

確保した水は、複数の容器やバケツを用意して、「飲料・炊飯用」「手や顔、全身のケア用」「洗濯・そうじ用」と用途ごとに分けておくと便利です。

ぞうきん・ボロ布

お皿の汚れを拭き取ったり、そうじをするときに使用します。

トイレ

非常時のトイレの使い方

水を節約する トイレの使い方

お酢水をスプレーして
尿のにおい消し

使用済
トイレットペーパー

材料

重曹：適量、酢：適量

使い方

用を足した後にお酢水をスプレーすると尿のにおいが消えます。アンモニア臭には、便器内の水にお酢を少量入れておくと効果的。使用したペーパーは流さずに、重曹を振りかけてゴミ箱に。

水が使えなくても
工夫次第で衛生を
保つことはできます！

災害が発生したときに困るのがトイレをどうするかという問題です。断水によりトイレの水が流れなくなり、水があまり使えずに節約する場合と、全く使えない場合で対処法は異なります。

　水を節約する場合、流す回数を減らすために、尿の場合は水を流さず、においは用を足した後にお酢水をスプレーしたり、便器内の水にあらかじめお酢を少量入れておいて抑えます。**水が全く使えない場合は、ポリ袋と新聞紙を使えば、水を使わずに簡易トイレとして使用することができます。**

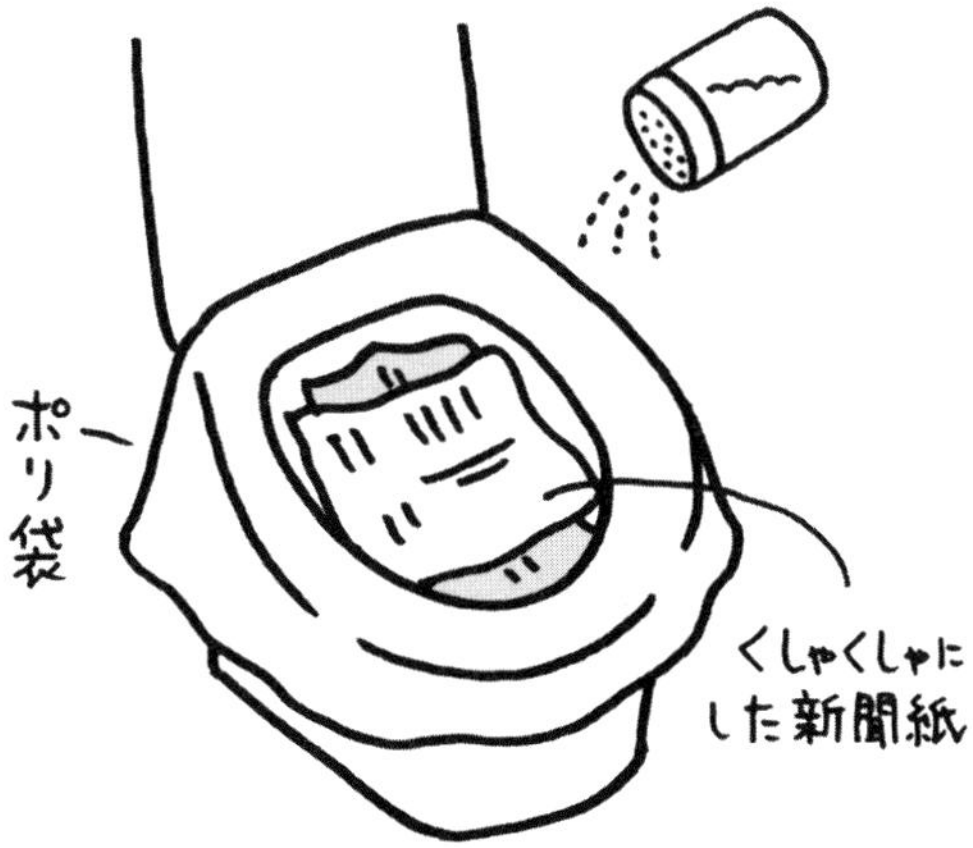

水が使えない場合の簡易トイレ

材料

重曹：適量、新聞紙：1~2枚

使い方

新聞紙を一度くしゃくしゃにしてから広げなおし、ポリ袋の底に入れます。ここで新聞紙をしっかりくしゃくしゃにすることで吸収力がアップします。ポリ袋を左図のように便器にセットします。簡易トイレとして使用した後、重曹を振りかけます。捨てるときは、ポリ袋の口をかたく縛れば、そのまま捨てられます。

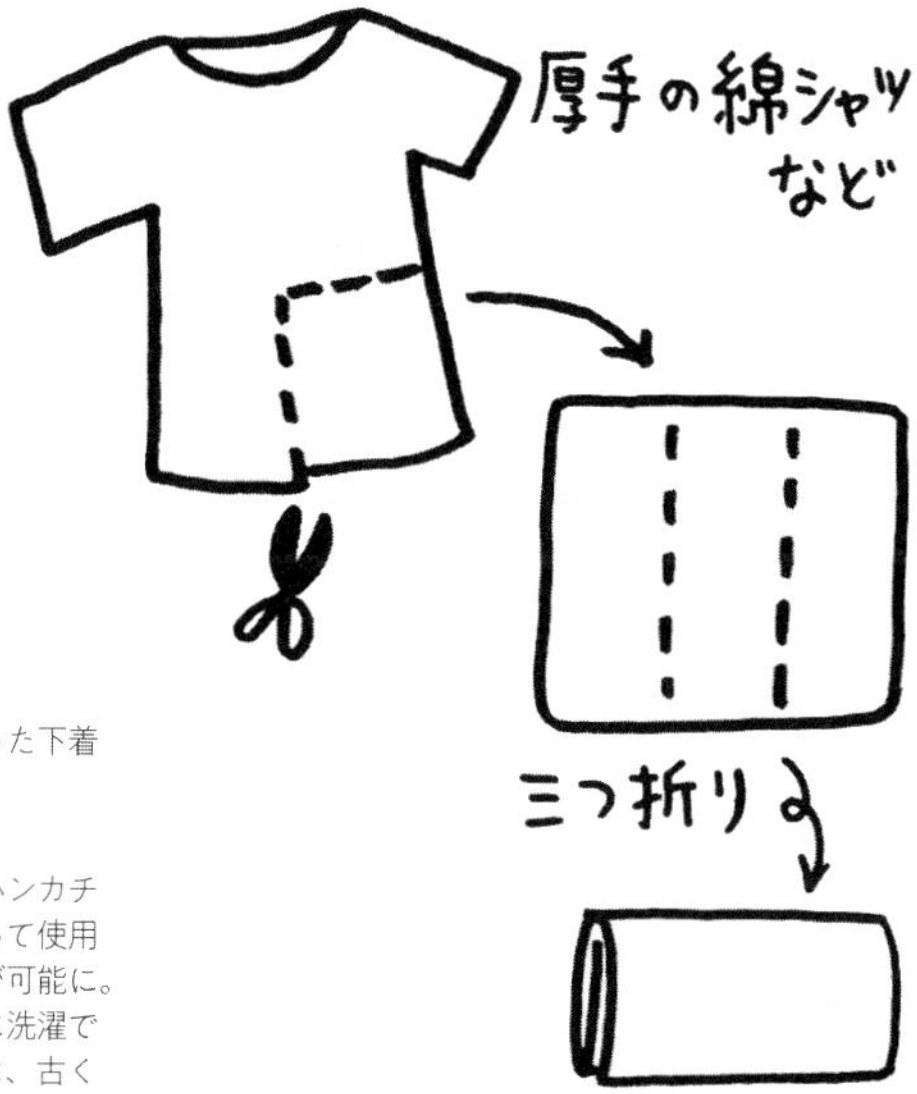

生理用ナプキンがない場合

材料

重曹：適量、厚手の綿シャツ、古くなった下着

使い方

厚手の綿シャツなどで代用し、タオルハンカチ程度の大きさに切ります。三つ折りにして使用し、汚れたらたたみ直せば数回の使用が可能に。使用後は重曹を振りかけておけばすぐに洗濯できなくてもOK。使い捨てにする場合は、古くなった綿の下着などをタオルハンカチの大きさに切って使用します。

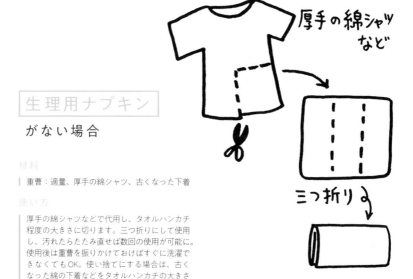

食事・洗い物

水をあまり使わずに洗い物をする

アウトドアや災害時に、あまり水が使えないときの食器洗いのコツは、最初にボロ布などで汚れを拭き取ることです。その後に重曹水をスプレーして汚れを拭き取れば、油汚れもにおいもスッキリします。スプレーボトルがない場合は、洗い桶で重曹水を作り、その中で洗います。

　ラップがある場合は、お皿に敷いて使えば、ラップを交換するだけで洗わずに済みます。お米の研ぎ汁や、一度使った重曹水、お酢水も再利用できるので、捨てないようにしましょう。

＼ あまり水を使わない食器洗いの方法 ／

1 ボロ布や野菜くずなどで食器の汚れを拭く

小さめに切ったボロ布で食器の汚れを拭き取ります。野菜くずや果物の皮でもOK。

2 重曹水をスプレーしてボロ布で拭き取る

食器に重曹水をスプレーしてしばらく置いておき、ボロ布などを使って拭き取ります。

3 最後に“水のみ”をスプレーし拭き取る

水だけをスプレーし、ペーパーやティッシュ、布巾などで拭いた後に乾かします。

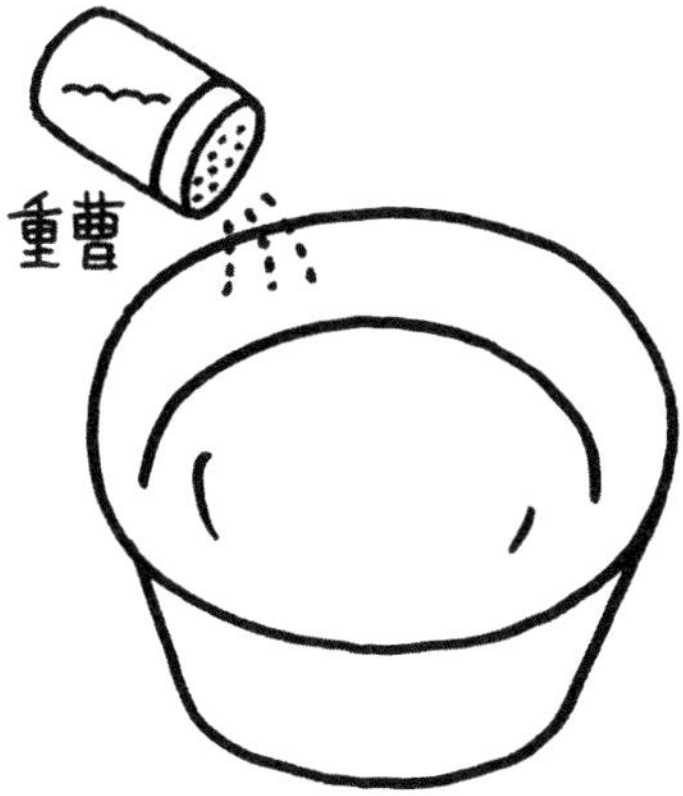

スプレーボトルがない 場合

材料

重曹：適量、水：適量

使い方

洗い桶に水を張ります。重曹をさっと一振りして重曹水を作ります。食器の汚れをボロ布などで拭き取ったあとに重曹水の中で洗います。キッチンペーパーやティッシュ、布巾などで拭いて乾かします。

お皿に ラップを敷いて 使う

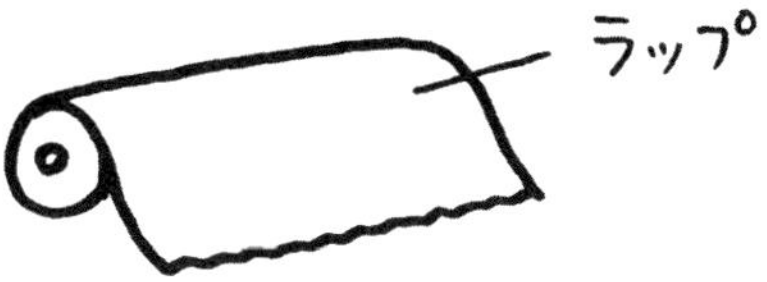

材料

ラップ：適量

使い方

使用する食器にラップを敷いて、使用後にラップを捨てます。こうすると食器を洗わずにラップを交換するだけで済みます。使い終わったラップを丸めれば、タワシの代わりとしても使えます。

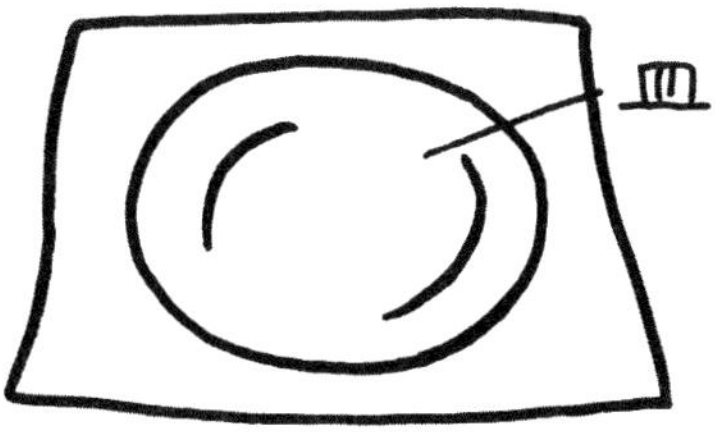

お米の研ぎ汁 で 洗い物をする

材料

お米の研ぎ汁：適量

使い方

お米を研いだ後の研ぎ汁は、捨ててしまわずに取っておきます。研ぎ汁を食器洗いに使用すると、汚れや油をきれいに落とすことができます。

拭きそうじ は一度 使った水を再利用する

材料

使用済み重曹水・お酢水

使い方

重曹水やお酢水は、使ったからといってすぐに捨ててしまわずに、二次使用のために取っておきます。拭きそうじなどには、一度使った後の重曹水やお酢水を利用します。

衣類のケア

重曹とお酢で水をなるべく使わずに洗う

衣類の洗濯も水をたくさん使うので、なるべく少なくするために、重曹を使いましょう。**基本は重曹水を衣類にスプレーするだけ。においが取れ、手触りがサラサラになります。**

たまった洗濯物を置いておくときは、重曹を振りかけておくといいでしょう。ただし、色の濃い衣類は色落ちする場合があるので、注意しましょう。

水が少し使えるときは、重曹水で洗った後に、お酢ですすぎます。軽い汚れであれば石けんを使わなくてもOKです。

水がほとんど使えないときの衣類のケア

材料

重曹水（重曹：小さじ1、水：200mℓ）

使い方

衣類に重曹水をスプレーします。衣類全体がしっとりとするまでスプレーしたら、風通しのよい場所で干して乾かします。これだけで清潔さをキープでき、においも取れてサラサラの手触りに。

重曹水

体臭や皮脂の汚れとにおいは酸性なので重曹が中和・分解しシワ取りにも使えます!

水が少し使えるとき は重曹で洗う

材料

重曹：ひとつかみ、水かお湯：適量

使い方

水またはぬるめのお湯を張った大きめの洗面器に重曹を入れてよく溶かします。衣類を20分程つけ置きした後押し洗いします。えりやそで口などの汚れは石けんでつまみ洗いをします。

お酢ですすぎ をする

材料

酢：おちょこ一杯、水：適量

使い方

衣類を重曹で洗った後は、しっかりと絞ってから新しい水に取り替えてすすぎます。このとき水の中に、おちょこ一杯程度のお酢を入れます。１回のすすぎでもお酢の力できれいになります。

布おむつを洗濯する

布おむつは、おしっこだけの軽い汚れであれば石けんを使わずに洗濯できます。洗濯する前にうんちをトイレやポリ袋に捨てておきます。洗濯の方法は、上記の「重曹で洗って、お酢ですすぐ」です。おしっこのにおいが気になる場合には、布おむつをお酢水に一晩つけ置きしたのちに洗濯します。特有のアンモニア臭の防臭効果もあります。

ボディケア

少量の重曹水とお酢水で体を洗う

歯磨き はコップ一杯だけ使う

水を口に含みクチュクチュと一度口の中をゆすぎます。歯ブラシに少量の重曹をつけてしっかりブラッシングします。最後に水を口に含み2度よくゆすぎます。泡がたたない重曹ならコップ一杯の水でOKです。

お風呂に入る代わりに、重曹水とお酢水でかゆみやべたつき、においをさっぱりとさせることができます。ヘアケアはシャンプーの代わりに重曹水を使い、リンスの代わりに、お酢水を使います。スプレーボトルがあるとより水を節約できますが、ない場合は洗面器を使います。歯磨きも重曹があれば、少量の水で済みます。

重曹水で全身を拭けば皮脂汚れを落とし、体臭の元も分解してくれます。 残った重曹水やお酢水は洗濯やそうじ用に使いまわして再利用しましょう。

重曹水
お酢水
重曹スプレー
お酢水スプレー

スプレーボトルがある 場合

材料

重曹水（重曹：小さじ1、水：200mℓ）
お酢水（酢：小さじ 1 、水：400mℓ）

使い方

洗面器にお湯を入れて重曹をさっと一振り入れて重曹水を作ります。新しいお湯に取り替えて、お酢を小さじ一杯程度入れてお酢水を作ります。それぞれをスプレーボトルに入れて完成です。

ヘアケア は スプレーで吹きかけて

材料

重曹水（重曹：小さじ1、水：200mℓ）
お酢水（酢：小さじ 1 、水：400mℓ）

使い方

髪と頭皮に重曹水を少しずつスプレーします。地肌をマッサージするようにタオルで水分を拭き取ります。お酢水を少しずつスプレーしてタオルで水分を拭き取ります。気になるにおい・かゆみ・べたつきがさっぱりします。

重曹水
お酢水
タオルで拭き取る

赤ちゃんのおしり拭き 代わりに布を使う

重曹水
キッチンペーパー，布

材料

重曹水（重曹：小さじ1、水：200mℓ）

使い方

キッチンペーパーや古くなった布に重曹水をたっぷりスプレーします。赤ちゃんのおしりをやさしく拭けば、うんちもおしっこもキレイに。清潔な肌を保てるのでかぶれの心配も減ります。

顔と全身のケア

材料

重曹水（重曹：小さじ1、水：200mℓ）

使い方

洗面器にお湯を張り重曹をさっと一振り入れて重曹水を作ります。そこにキッチンペーパーやタオルをつけて軽く絞ります。顔→上半身→下半身の順に拭いていきます。これだけで皮脂汚れを落とし、体臭の元も分解します。

タライで赤ちゃんの重曹風呂

赤ちゃんを入浴させるときはタライにお湯を入れ、ひとつかみの重曹を溶かして、入浴させてあげましょう。お湯がやわらかくなり、体が温まります。体を洗うときは、お湯に入れたまま、やわらかいガーゼなどで、全身をやさしく拭いてください。肌の汚れもきれいになり、石けんを使わないので、滑りにくいです。すすぎもいりません。入浴後は必要に応じて保湿ケアをしましょう。

デオドランド代わりにする

材料

重曹水（重曹：小さじ1、水：200mℓ）

使い方

布に重曹水を含ませて、両脇の下などを拭きます。重曹の消臭効果で気になる汗のにおいもスッキリ。汗くさい衣類には重曹を粉のまま振りかけておくと、におい対策に効果を発揮します。

布切れをお手ふきに活用

材料

重曹水（重曹：小さじ1、水：200mℓ）

使い方

布きれやキッチンペーパーなどを重曹水につけ、軽く絞ってお手ふきとして使用します。使った後は、テーブルや家具、ドアノブなどの拭きそうじにも使えます。

ペットボトルに入れて湯たんぽにする

耐熱性のある空のペットボトルを用意し、熱めのお湯を入れます。その中にひとつまみの重曹を入れて、しっかりふたを閉めます。タオルなどを巻けばペットボトル湯たんぽの完成。温かいうちは湯たんぽとして暖を取り、お湯の温度が冷めてきたら、洗顔したり体を拭いたりしてお湯を無駄なく有効利用できます。あらかじめ重曹を入れてあるので、時間が経っても使用できます。

車のそうじ

車内のクリーニングにも重曹が使える

フロントガラスをそうじする

重曹ペースト
鳥のフン
5分置いて固く絞った
スポンジで落とす

材料　重曹ペースト（重曹：1カップ、水：100mℓ）、水：適量

使い方　作った重曹ペーストに水を加えたものを、フロントガラスの汚れの上から薄くのばして塗ります。5分程置いた後、水を絞ったスポンジで落とします。汚れが落ちたら水でよく洗い流します。

災害の避難時に車中泊をする方もいますが、ほうっておくとにおいや汚れがたまりがちです。**フロントガラスについた鳥のふんやほこりなどは重曹ペーストでこすり落としましょう。**また、シートについた食べこぼしや汚れなど、重曹水を吹きつけて拭き取りましょう。

食べ物や汗のにおいなどが車内にこもってしまうときは、車内にまんべんなく重曹を振りかけ、一晩置いておけば、解消します。

いつでもきれいにできるように車内にも重曹を積んでおくといいでしょう。

2%の重曹水
スプレーする

シートの汚れを落とす

材料

重曹水（重曹:小さじ1、水:200mℓ）

使い方

濃度約2%の重曹水を車内のシートに直接スプレーします。水を絞った布で拭き取ります。汗くさいにおいも静電気で集まってしまったほこり汚れも同時に解消できます。

車内のにおいを消す

材料

重曹：適量

使い方

車内にまんべんなく重曹を振りかけて、そのまま一晩置きます。翌日、掃除機で重曹を吸い取ります。食べこぼしや体臭などのさまざまな汚れとにおいをすみずみまできれいにし、空気まで清浄にします。

重曹を車内に振りかけて
一晩置く
翌日 掃除機で
吸いとる

ガレージのにおい取りもOK

ガレージ内は、ガソリンやオイルのにおいなどがこもってしまいがちです。換気を十分にすることが大事ですが、重曹を振りかけておくだけで、嫌なにおいを取りのぞくことができます。一晩置き、水洗いをすればガソリンやオイル漏れによる油汚れなどを洗い流すことができます。ガレージに動物がマーキングを続けて困るときも、重曹でそうじするとにおいが完全に消えるので、マーキングしなくなります。

巻末付録

ビネガーの主な種類と特徴

クエン酸	乳酸、アスコルビン酸	炭酸水	レモン汁
クエン酸(結晶)	乳酸、ビタミンC	炭酸ソーダ、クラブソーダなど	レモン果汁100など
100%	100%	—	—
2	2	5~6	2
弱酸	強酸	弱酸	—
する	する	しない	する
無臭	無臭	無臭	レモンのにおい
小さじすりきり1につき水カップ1/2でうすめる	—	—	—
小さじすりきり1につき水カップ1でうすめる	—	—	—
目に入らないように注意。入ったらすぐに水で洗う。粉塵を飛散させない。換気に注意。高濃度で皮膚刺激性あり。長期反復使用で歯を浸食することがある	目に入らないように注意。入ったらすぐに水で洗う。粉塵を飛散させない。換気に注意。高濃度で皮膚・気管刺激性あり	無害	目に入らないように注意。入ったらすぐに水で洗う
料理、そうじ、洗濯、衛生、美容全般 (1)とくににおいを立てたくない場合(玄関、ペット、髪や衣類のリンスなど) (2)とくに酸性物質を残したい場合(水あかそうじ、抗菌など)	乳酸:衛生、美容全般 アスコルビン酸:衛生(とくに塩素の除去)	そうじ、洗濯	料理、衛生(とくに塩素の除去)

種類	穀物酢	果実酢	アルコール酢	酢酸
製品	穀物酢、米酢、純米酢、玄米酢、黒酢、モルトビネガーなど	リンゴ酢、ワインビネガー、バルサミコなど	ホワイトビネガー	30%酢酸水溶液（日本薬局方）
酸濃度	4~5%	5~6%	5%	30%
pH	3	3	2.5	2.5
酸の性質	弱酸	弱酸	弱酸	弱酸
酸の残留	しない	しない	しない	しない
におい	風味と刺激臭	風味と刺激臭	刺激臭（弱い）	刺激臭（強い）
ビネガー酸濃度4~5%	そのまま用いる	そのまま用いる	そのまま用いる	水で6倍にうすめる
ビネガー水酸濃度2%前後	水で2~3倍にうすめる	水で3倍にうすめる	水で3倍にうすめる	水で15倍にうすめる
注意事項	目に入らないように注意。入ったらすぐに水で洗う	目に入らないように注意。入ったらすぐに水で洗う	目に入らないように注意。入ったらすぐに水で洗う	目に入らないように注意。入ったらすぐに水で洗う。皮膚・気管腐食性。換気に注意。とくに30%酢酸水溶液は劇物なので厳重注意
適する状況	料理、そうじ、洗濯、衛生、美容全般	料理、そうじ、洗濯、衛生、美容全般	そうじ、洗濯、衛生（料理・美容にはスパイスやハーブなどでもっと有効成分を加味する）	そうじ、洗濯

※その他、酸性の性質をもつ身近な溶液に、アク抜きなどに使用するみょうばん液がある。
※表中の「酸の性質」にある弱酸は、多めに溶いてもpHがほぼ一定で変化しないが、強酸は溶く量が多くなるほど酸度が高まり、刺激性となるので適量を用いるように十分注意する。

監修者プロフィール

岩尾明子 いわおあきこ

クリーン・プラネット・プロジェクト代表。未来型ナチュラル生活研究家。博士(栄養学)。1998年に始まったインターネットサイト「地球に優しいお掃除」を運営する環境NGOクリーン・プラネット・プロジェクト代表。衣食住における楽で自然な最新の情報をテレビ、雑誌、ネットなど多方面で発信している。著書に『いそがしい人のための重曹生活』(KADOKAWA)、『重曹でナチュラルベビーケア』(主婦の友社)、『重曹生活のススメ』(飛鳥新社)など。他にも著書・監修書多数。

Creative Staff

編集・構成
浅井貴仁(ヱディットリアル株式會社)

イラスト
坂木 浩子(株式会社ぽるか)

デザイン
浅野悠 (株式会社 Two half labo.)

執筆協力
向 千鶴子(アーク)

校正
校正舎 偕の木

重曹&お酢
ガンコな汚れもつるんと落ちる!
ナチュラルクリーニング

2021年6月25日 初版第1刷発行
監修者 岩尾明子
発行者 廣瀬和二
発行所 株式会社日東書院本社
〒160-0022 東京都新宿区新宿2-15-14 辰巳ビル
TEL 03-5360-7522(代表)
FAX 03-5360-8951(販売部) URL http://www.TG-NET.co.jp
印刷・製本 図書印刷株式会社

ISBN:978-4-528-02344-4 C2077